社交礼仪实务与训练

主　编　赵　岩　张淑华
副主编　吴黎梅等

中国矿业大学出版社

内 容 提 要

礼仪是一首古老而年轻的诗,“飘散着舒人而温馨的国风”; 礼仪是一曲涓涓的高山流水, 吟唱着中华五千年文化源远流长;“人无礼则不生,事无礼则不成,国家无礼则不宁”。 本书从容礼、交往、生活、职场、餐饮等方面介绍了社交中一般礼仪规范及应用,从开放教育的特点出发,将教材内容与江苏开放大学课程平台学习资源形成立体化融合,突出通识性和实践性特点,可作为开放教育学员及在校大学生学习社交礼仪的参考教材,也可作为青少年读者知礼、习礼的手册。

图书在版编目(CIP)数据

社交礼仪实务与训练 / 赵岩, 张淑华主编.—徐州 : 中国矿业大学出版社, 2018.1

ISBN 978-7-5646-3011-9

Ⅰ. ①社… Ⅱ. ①赵… ②张… Ⅲ. ①心理交往-礼仪-高等职业教育-教材 Ⅳ. ①C912.1

中国版本图书馆 CIP 数据核字(2016)第 020962 号

书 名	社交礼仪实务与训练
主 编	赵 岩 张淑华
责任编辑	侯 明
出版发行	中国矿业大学出版社有限责任公司 (江苏省徐州市解放南路 邮编 221008)
营销热线	(0516)83885307 83884995
出版服务	(0516)83885767 83884920
网 址	http://www.cumtp.com E-mail:cumtpvip@cumtp.com
印 刷	徐州市今日彩色印刷有限公司
开 本	787×1092 1/16 印张 11.25 字数 232 千字
版次印次	2018 年 1 月第 1 版 2018 年 1 月第 1 次印刷
定 价	42.00 元

(图书出现印装质量问题,本社负责调换)

序

《社交礼仪实务与训练》即将出版了,我十分高兴。顾名思义,这是一本关于社交礼仪的教材,而且是一本值得向全社会推介的好教材。

我从 1977 年开始面向社会演讲,从 1982 年走出国门到北美、欧洲演讲。在长期从事教育艺术演讲事业的同时,我也长期为高校教师讲礼仪课。中央领导让我当“巡回大使”之初,曾将我们这些“巡回大使”集中到中南海,请外交部的领导给我们介绍出国访问的经验,还专门为我们介绍了各国的风土人情以及社交礼仪,使我从中获益颇多。后来在国内经常被邀请讲礼仪课,为此,我曾想到如果有一本系统的礼仪教材该多好啊!

李燕杰:我国杰出的演讲家、中国德育教育家、世界华人教育艺术家委员会总干事长、世界华人教育促进会副会长、《教育艺术》杂志社社长,曾代表国家教育艺术界出访百余个国家发表爱国演讲,被誉为点燃心灵之火的人。

我在国内外演讲的旅途中,也曾见到过一些外国朋友写的礼仪书,这些书主要是介绍西方礼仪常识的。后来金正昆先生等编写了一些关于礼仪的书。

赵岩、张淑华等在礼仪课教学实践的基础上,集思广益,编写了这本《社交礼仪实务与训练》。书中从实际需要出发,讲了礼仪的“器”和“术”,讲了具体的方式方法、注意事项,也讲了礼仪之邦的重礼仪的“魂”与“道”,介绍了中国自古以来的重礼仪的理论。这是一本“魂”“道”“器”“术”相结合的好书,是值得向大家推介的培训教材,而且是一本切实可行、行必有效的好教材。

赵岩等同志请我写序,我想讲如下一些感想。

记得 30 多年前,在中南海研究出国演讲的礼仪时,一位同志送给我一副对联,引的是《红楼梦》第一回中的两句话:

世事洞明皆学问,

人情练达即文章。

同志们讲,礼仪是学问,也是文章,回顾中华民族,伏羲氏画八卦、正婚嫁、建历法,均可视为中华民族的礼仪萌芽。咱们

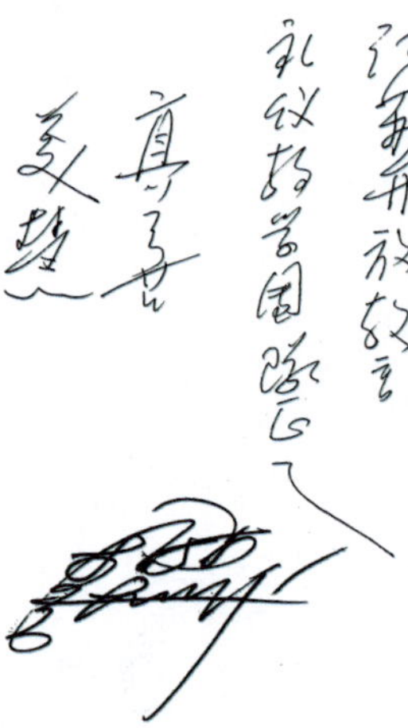

礼仪教育专家李燕杰教授为江苏开放教育“社交礼仪教学团队”题词。他鼓励教师把礼仪教学视为礼仪教育艺术，传播礼仪文化，使受教育者的学习成为美的享受，教育者本人在教育中自我完善，达到“真、善、美、惠”。

的祖先，从社会的人际关系出发，十分重视仁、义、礼、智、信，礼被视为五常之一；后来在设置官位时，又设了吏、户、礼、工、刑、兵六部；在研究读经时，又强调读《诗》《书》《礼》《易》《乐》《春秋》；后来科举考试，所考四书中，除《论语》《孟子》外的《大学》《中庸》均出自《礼记》。由此可见，中华民族自古以来就十分重视礼与礼仪教育。几千年来，伴随形势的发展，各种礼仪逐渐形成，不仅与时俱进，而且与时俱变。特别是在世界各民族交流中，各种礼仪使人们能够美人之美，美美与共，有利于人类的和平、和谐、和美！

《社交礼仪实务与训练》的出版，必将提高广大青年的基本素质，进而使全社会形成人人重礼的可喜局面。古人曾经说过，“不学诗，无以言；不学礼，无以立”；“礼义廉耻，国之四维，四维不张，国乃灭亡”；“礼尚往来，往而不来，非礼也；来而不往，亦非礼也”。

希望社会人人重礼，青年人人学礼，从事教育工作的仁人志士把礼仪教育视为“礼仪教育艺术”，不断提高教育者的学术水平，以增强对学生的吸引力、感召力、感动力。希望每堂礼仪课都能使受众受益；师生间教学相长，使受教育者的学习成为美的享受，教育者本人在教育中也形成美的享受，在美的享受中内强素质、外塑形象。

目　　录

概 述

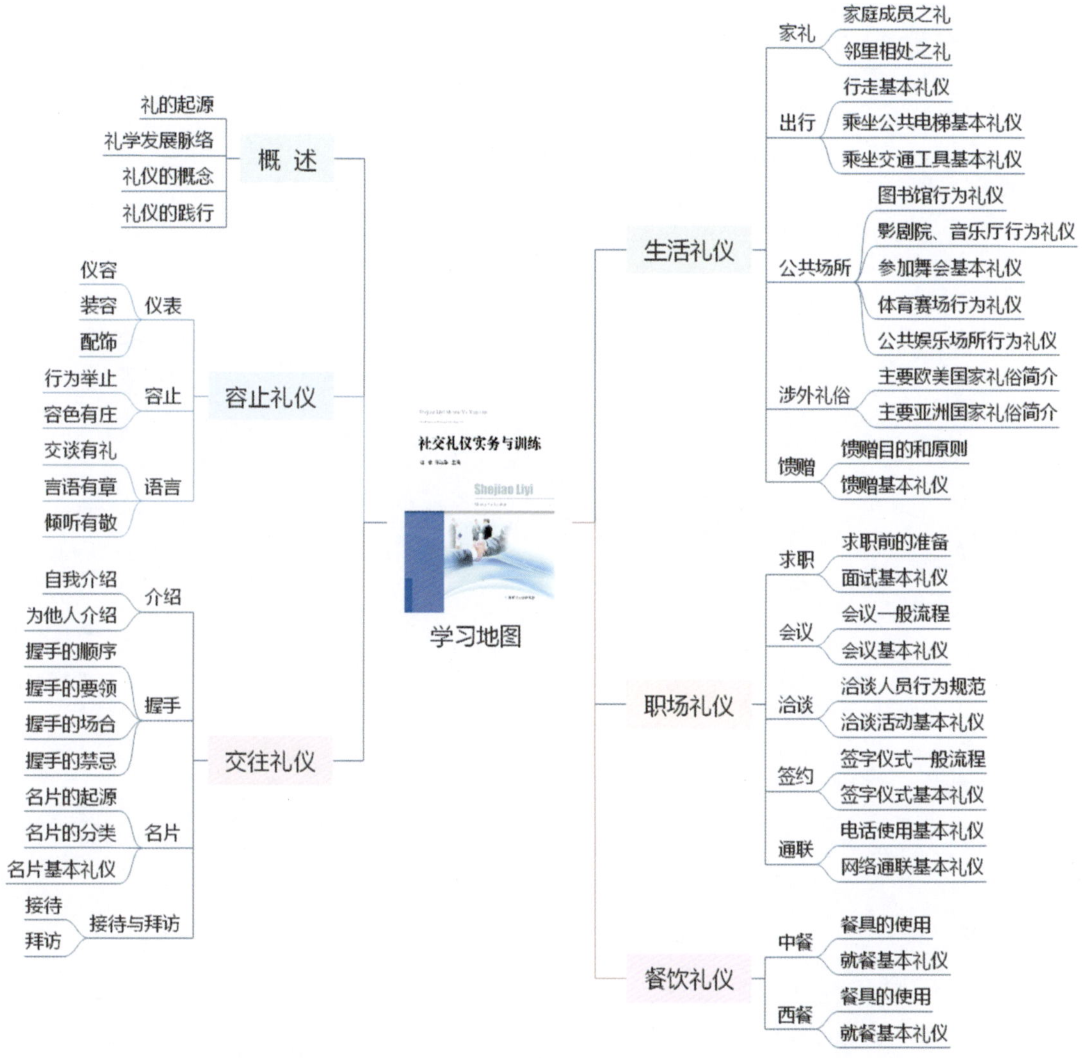

荀子曰:“人无礼则不生,事无礼则不成,国家无礼则不宁。”礼仪是一首古老而年轻的诗,“飘散着舒人而温馨的国风”。礼仪是一曲涓涓的高山流水,吟唱着中华五千年传统文化源远流长。礼仪是一种力量,是一种影响,更是文明的标志。礼仪让您懂得尊重,礼仪让您提升修养。编者期盼与读者共同了解礼学脉络,传承礼仪文化,学礼、习礼,弘扬“真、善、美”,开启智慧人生。

案例引领

王国维在《观堂集林》中指出甲骨文“豊”字象二玉在器之型，古者行礼以玉，故《说文》曰：“豊，行礼之器，其说古矣”…… 试从“礼”字的构成与变迁谈礼仪的起源与发展。

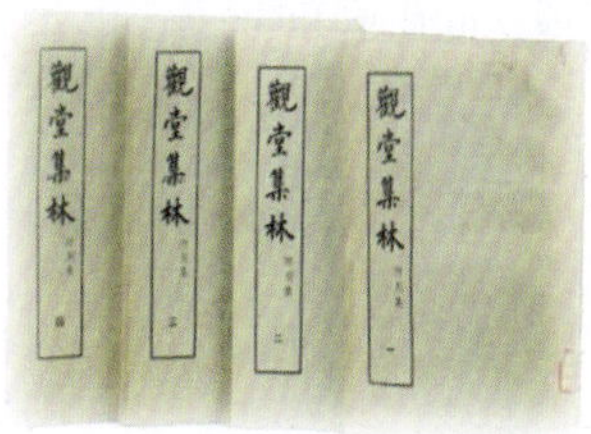

许慎
汉代学者，著《说文解字》。

通过概述的学习，学习者能够了解礼学脉络及源流；掌握礼仪概念、原则与功能，端正对礼的认知；在生活和工作中践行礼仪，齐礼修身，开启智慧人生。

知书达“礼”

子曰：“殷因于夏礼，所损益，可知也；周因于殷礼，所损益，可知也”(《论语·为政》)，表明历代之“礼”，既传承又变异，才得以绵延不绝，融汇到传统文化的骨髓里。

中国是礼仪之邦，上下五千年，从荀子的“国家无礼则不宁”到今天的精神文明建设，礼仪一直是传统文化的核心。礼仪伴随着人的活动，伴随着原始宗教而产生发展。礼仪的形成和发展，经历了一个从无到有、从低级到高级、从零散到完整的渐进过程。

一、礼的起源

“礼”起源于原始宗教信仰、自然法则与人性管理。“人性管理”是其内在动因，“自然法则”是其思维模式，“原始宗教信仰”

孔子

中国古代大思想家、大教育家，他首开私人讲学之风，为历史文化的整理和保存作出了重要贡献。

是其具体道路。

因此，“礼”的属性结构，具有宗教性、道德性、秩序性、实践性、制度性、政治性，其内化为伦理道德，外化为法律制度，归综于政治。

“礼”的本质是文明的秩序，文明的社会结构是“礼”的现代价值所在。“礼”由自发到自觉，完成从祀仪到礼俗再到礼制的过渡，而礼制的形成，正是礼学得以产生的现实基础。

二、礼学发展脉络

关于“礼”的学问，按内容分类，包括三个大的层次：礼仪、礼容(起源宗教性)→礼制、礼法(建构制度性)→礼意、礼义(蕴涵道德性)。实际上，这种内容分类，也正是礼学发展的脉络主干与历史分期。

孟子

战国时期儒家主要代表人物。

时　期	特　　征
远古至殷商	远古至殷商礼的主体特征是“宗教之礼”。“礼”产生于文字之前，起源于原始宗教信仰。
西　周	西周礼主体特征是“人文之礼”，体现为“制礼作乐”。
东　周	东周礼主体特征是“观念之礼”，“礼”走入理论之域，开始成为严格意义上的学术。
秦汉至隋唐	该时期礼的主体特征是“体制礼学”。秦汉至隋唐的“体制礼学”，是由先秦“制度之礼”、荀子礼学、韩非法治思想这一系发展而来的，是“礼”之“制度性”的进一步发展完善。
宋明时期	宋明礼之主体特征是“心性礼学”。宋明时期的“心性礼学”，是由先秦“观念之礼”、思孟礼学思想这一系发展而来，是“礼”之“道德性”的进一步发展完善。
清　代	清代礼之主体特征是“礼学整合”。清代是传统学术集成时期，礼学在这一时期也体现出全面整合的特征，是清学的显著成果之一。

从远古殷商以“致敬鬼神”为核心的宗教之礼，到西周以“人文道德”为核心的制度之礼，周公“制礼作乐”是一大关键；从西周以“人文道德”为核心的制度之礼，到东周以“礼缘情而作”为核心的观念之礼，孔子“克己复礼”是一大关键；西周“制礼作乐”，实现从天道到人道的转折，直接扭转中国文化走向；东周

礼乐思想，实现“礼”的学术化，深刻影响中国学术史与思想史。礼学在先秦即已实现关键性变革，由秦汉迄于清代，皆循其轨而有所发展：秦汉至隋唐礼学之主体特征是体制礼学；宋明时期礼学之主体特征是心性礼学；清代礼学之主体特征是全面整合。

三、礼仪的概念

（一）礼仪的概念

礼仪，《辞源》中解释为：“礼仪，行礼之仪式。”历史学家范文澜在《群经概论》一书中注解道：“礼仪合言，皆名为礼，分言之则礼为体，仪为履。体者，立国经常之大法，所谓守其国、行其政令、无失其民者是也。履者，各官司治事之细目，揖让周旋之节文，凡史官所守之史法，司马所守之司马法，大卜所掌三易之法，与夫妻礼十七篇，皆所谓履。”可见，我国古代社会礼仪的含义是十分广泛的，它是治国、育人、维系社会之根本。

在礼学体系中，礼仪是有形的，存在于社会的一切交往活动中，其基本形式受物质水平、历史传统、文化心态、民族习俗等众多因素的影响。

礼仪是指人们在社会交往中形成的，既为人们所认同，又为人们所遵守，以建立和谐关系为目的的各种符合社会交往要求的行为准则和规范的总和。它受历史传统、风俗习惯、宗教信仰、时代潮流等因素影响和制约。

“礼者，履也”，礼仪是人们在社会交往活动中履行的行为规范和准则，做人的行为规矩。

“礼者，养也”，从个人修养的角度来看，礼仪是一个人内在修养和素质的外在表现。金正昆教授在《社交礼仪》中指出：礼仪是教养、素质在一个人行为举止上的具体表现。

“礼者，理也，德之则也”，从道德层面来看，礼是道德理性的体现，《礼记》中也强调“凡人之所以为人者，礼义也”，把礼视为人修身立命的行为准则。

（二）礼仪的原则

1．尊敬的原则

子曰：“礼者，敬人也”。《礼记》云：“夫礼者，自卑而尊人。”可见在与人交往时，尊敬是礼仪的首要原则，是礼的核心和灵魂，只有真诚敬重，方能创造和谐愉快的人际关系。

2．平等的原则

在社交场上，礼仪行为总是表现为双方的，这种礼仪施行必须讲究平等的原则。平等是人与人交往时建立情感的基础，是保持良好的人际关系的关键。

3．适度的原则

适度的原则要求应用礼仪时，尽量做到把握分寸，讲究艺术，恰到好处，失礼或过犹不及都会适得其反，引起交往对象的反感。

4．诚信的原则

子曰："能行五者于天下，为仁矣""恭、宽、信、敏、惠""信则人任焉" "民无信不立"。子夏曰："与朋友交，言而有信"。诚信是中华民族的传统美德，在社会交往中尤为重要。

（三）礼仪的功能

礼仪是人类社会进步的产物，可以从伦理学、社会学、民俗学、美学等各个角度进行诠释。今天我们学习礼仪，其基本功能主要体现在以下方面。

1．礼仪的教化功能

礼仪蕴含着丰富的文化内涵，体现着社会的要求与时代的精神。礼仪潜移默化地熏陶着人们的心灵，使人们成为文明达理的公民。

2．礼仪的美化功能

礼仪讲究和谐，塑造美好形象。交谈讲究礼仪可以更文明；举止讲究礼仪可以更高雅；穿着讲究礼仪可以更端庄；行为讲究礼仪可以更美好……讲究礼仪，可使人充满魅力，给人以美的印象。

3．礼仪的沟通功能

礼仪是社交中的礼节和仪式。热情的问候、亲切的微笑、文雅的谈吐、得体的举止等，有利于扩大社会交往，提升职场沟通能力，促进事业成功。

4．礼仪的和谐维护功能

礼仪是社会文明程度的反映和标志，同时也对社会风尚产生广泛的影响。礼仪指导人们立身处世、立身社会，和谐人与人之间和人与社会的关系。学习礼仪可以正确把握社交尺度，有助于人们的友好相处、家庭的温馨和社会的稳定。

四、礼仪的践行

中国自古以来就重视礼仪教育。周朝时的“国学”以“六艺”为基本教学内容。“六艺”即礼(礼节仪式)、乐(音乐舞蹈)、射(箭术)、御(驾车)、书(写作)、数(算法)。其中,礼的教育列在首位。周朝的教育主要局限于贵族及其子弟，而春秋时代大教育家孔子主张“有教无类”,倡导并力行礼仪普及教育。“古之欲明明德于天下者，先治其国。欲治其国者，先齐其家。欲齐其家者，先修其身。欲修其身者，先正其心……”古人强调自我修养的重要性，要“克己复礼”，自我修养是人的素质不断提高和自我认识不断发展的过程，习礼修身的三层境界正如王国维先生在《人间词话》中提到的治学“三境界”。

(一)“昨夜西风凋碧树。独上高楼，望尽天涯路”

这是人生习礼修身的立志、探索阶段，要立志高远，耐得住孤独寂寞，“举世皆浊我独清，众人皆醉我独醒”。找准正确的学习礼仪的方向，完善自我。

(二)“衣带渐宽终不悔，为伊消得人憔悴”

这是人生习礼修身的践行阶段，守住初心，不言放弃。《劝学》中说:“故不积跬步，无以至千里;不积小流，无以成江海。”习礼靠日积月累，素质靠点滴养成。

1．礼仪素养关键在习惯养成

践行礼仪，知易行难，礼仪修养，关键在持之以恒。“习惯是第二天性。”习惯的力量是巨大的，在礼仪修养方面，应注重日常养成，将礼仪文化融入日常生活，养成良好的礼仪习惯和文明的行为方式。

2．加强文化、艺术、美学修养

良好的礼仪修养是个人品德修养、精神气质、文化品位的外在表现，是一种深刻的美，所谓“腹有诗书气自华”“诚于中而行于外”“慧于心而秀于言”。礼仪之美重在心灵美、外表美和行为美的和谐统一。

3．对学生来说，提升礼仪素养，学校引导和社会实践是必要的路径

学校礼仪教育可以使学生在思想上和行动上受到熏陶和训练，提高大学生自律的实效性；社会实践使学生提高礼仪规范的应用能力。在学习内容上，应将礼仪文化与道德要求相结合；传统礼仪与现代实用礼仪情境相结合；礼学理论、礼仪基本规范与专业特点相结合。在学习方法上，应习熏悟化，知行合一，将理论学习与能力训练相结合；知识接纳与习惯养成相结合；学校教育与社会实践相结合。

（三）“众里寻他千百度。蓦然回首，那人却在灯火阑珊处”

这是人生习礼修身的顿悟阶段，经过反复探索、追寻、研究、践行，豁然领悟贯通，“山重水复疑无路，柳暗花明又一村”，知行合一、人礼合一，达到高尚的人生境界。

实务训练

一、通过本篇的学习您一定对礼的源流有了进一步了解，对前文“案例引领”中提出的问题进行讨论，从“礼”字的构成和演变谈谈对礼的起源的认识。

二、课后登录互联网检索古代“冠礼”“笄礼”相关视频，了解古代成人礼的过程。

小组讨论：成人礼在人生成长过程中的作用是什么？

三、观看电影《孔子》，联系本篇内容谈谈孔子“外正衣冠礼仪，内正品德心灵”对我们学习礼仪的指导意义。

单元测试

1．简述礼仪的定义和功能。

2．礼仪的原则是______、______、______、______。

3．“六艺”即____、______、_____、_____、_____、____。

4．全面介绍周朝礼仪制度的(　　)是中国流传至今的第一部礼仪专著。

A．《礼仪》　B．《仪礼》　C．《礼记》　D．《周礼》

5．“不学礼，无以立”出自(　　)。

A．《诗经》　B．《礼记》　C．《论语》　D．《周易》

本篇综合实务训练

一、完成下列礼仪文化问卷：

1. 您怎么看待中国传统礼仪文化？

A．是中国传统文化的核心，值得传承

B．是待人接物的礼节

C．是封建社会礼教

D．不太了解

2. 您认为“礼”应该是：

A．内外兼修

B．外表彬彬有礼

C．人际交流的润滑剂

D．形象美

3. 鞠躬是中国人表达敬意的传统礼节。下面哪个说法正确？

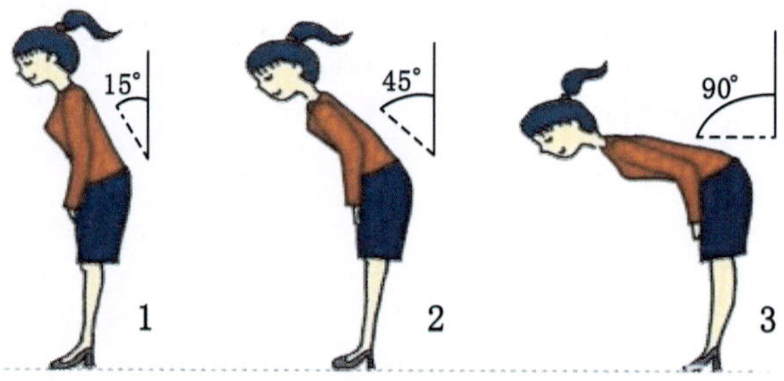

A．图中顺序章礼、草礼、楷礼

B．图中顺序草礼、章礼、楷礼

C．图中顺序草礼、楷礼、章礼

D．图中顺序楷礼、草礼、章礼

4. 您更了解中国礼仪还是西方礼仪？

A．中国礼仪　　B．西方礼仪

C．都了解　　D．都不了解

5. 您参加过中国传统礼仪的活动吗？

A．经常参加　　B．偶尔参加

C．没兴趣　　D．不了解哪些属于传统礼仪活动

6．您是通过什么渠道了解传统礼仪知识的？

A．家中长辈的教诲　B．通过学校教育

C．网络和电视　D．通过书本知识的阅读

7．您认为现在是否需要倡导中国传统礼仪文化？

A．希望倡导　B．复古文化，不宜倡导

C．有选择地倡导　D．说不清

8．您认为政府是否应该为中国的礼仪提供礼仪指导规则？

A．需要　B．不需要

C．根据社会需求确定不同的礼仪　D．说不清楚

9．当前青少年教育是否有必要加入传统礼仪文化？

A．有必要　B．没必要

C．说不清楚

10．“坐，请坐，请上座；茶，上茶，上好茶！”这副对联描述了怎样的礼仪情景？

A．座次礼　B．餐饮礼　C．接待礼　D．奉茶礼

11．您认为可以将西方的商务礼仪作为我国的通行礼仪吗？

A．不可以　B．可以　C．无所谓　D．结合国情

12．您是否了解婚、丧、祭等传统礼仪礼俗？

A．了解　B．知道一点　C．不了解

13．您比较欣赏哪一种婚礼礼仪程式？

A．中国传统型

B．中西结合型

C．当代西方型

D．移风易俗，履行法律程序，不需婚礼

14．您通常采用哪种形式为家人庆祝生日？

A．传统中国式　B．中西结合

C．西式生日 party　D．不记得家人生日

15．您了解传统“冠礼”“笄礼”仪式的流程吗？

A．了解　B．知道一点

C．不了解　D．觉得是封建礼教

16.《礼记》中“执轻如不克”的意思是：

A. 执持轻小物品，要像持重物那样谨慎

B. 形容执持的物品非常轻

C. 执持轻小物品，不要像持重物那样谨慎

D. 形容执持的物品非常重

17.下面四幅图说的是忠义礼信的成语故事，分别对应的人物是：

A. 苏武、关云长、曾子、商鞅

B. 关云长、苏武、曾子、商鞅

C. 苏武、关云长、商鞅、曾子

D. 商鞅、关云长、曾子、苏武

18. 您认为外国人到中国来应该用怎样的礼仪？

A. 中国礼仪　　B. 他们本国的礼仪

C. 无所谓

19. 您认为怎样的微笑是最美丽的？

A. 会心的笑　　B. 露出六颗牙齿

C. 不露出牙齿　　D. 露八颗牙齿

20. 您认为最能够弘扬我国传统礼仪文化的方式是：

A. 国家倡导　　B. 列为学校必修课程

C. 媒体宣传　　D. 民间人士及组织推动

二、登录知网、经典咏流传等媒体网站和公众号，下载浏览阅读和观看相关传统礼仪文化资料与作品，并深入了解当地传统礼仪文化，以传统礼仪文化的现状与传承为主题写一遍调查报告。

第一篇
容止礼仪

《礼记·冠义》云："礼义之始，在于正容体，齐颜色，顺辞令"。曾子曰："君子所贵乎道者三：动容貌，斯远暴慢矣；正颜色，斯近信矣；出辞气，斯远鄙倍矣。"形象礼仪是社交活动中个人容礼的体现，彰显个人修养和素质，本篇包含仪表、容止和语言礼仪。通过本篇的学习，学习者能够理解容礼对于塑造社交形象的重要性；掌握社会交往中容止礼仪规范，灵活应用形象塑造 TPO-R 规则；掌握语言在社交活动中的多维立体作用。

单元1 仪　　表

单元引擎

小美女士(乔林先生)是M公司的商务代表。今天公司安排她(他)去拜访一个重要的客户,为了使她(他)在客户心中树立良好的职业形象,请您给出得体的仪容及仪表修饰建议。

子曰:君子"不可以不饰。不饰无貌,无貌不敬,不敬无礼,无礼不立"。

仪表,包含仪容、服饰、个人卫生等精神面貌的外观。人们常说的"第一印象",多半来自一个人的仪表。中国素享有"衣冠王国,礼仪之邦"的美誉。服装除了"避寒暑、蔽形体、遮羞耻、增美饰"等实用功能外,还有着"知礼仪、正容体"等特殊意义。在社会交往中讲究仪表礼仪,不仅能塑造和维护个人的社交形象,而且能通过良好的个人形象塑造组织形象,同时对整个社会风貌的净化与美化也能起到积极的作用。

通过本单元的学习,学习者能够理解仪表对于个人社交形象的影响力;掌握仪容修饰的基本原则和要领;掌握仪表修饰的TPO-R原则及其在社交活动不同场合的灵活应用。

知书达"礼"

一、仪容

(一) 面部修饰

面部是仪容之首,是人际交往中他人注意的重点。整洁、卫生、简约、端庄、大方是面部修饰的基本礼仪要求，适当的美容也可显示出对他人的尊重和对生活的热爱。

1．男士护肤

男性的皮肤多为油性或偏油性，每天可以增加洗脸次数，以除去油光，保持面部皮肤的爽洁，每日剃须修面，不用气味浓烈的护肤品。

2．女士护肤

(1) 基础护肤：

洗脸(洗面奶)—拍打柔肤水(爽肤水)—涂抹乳液。

(2) 洗脸示意图：

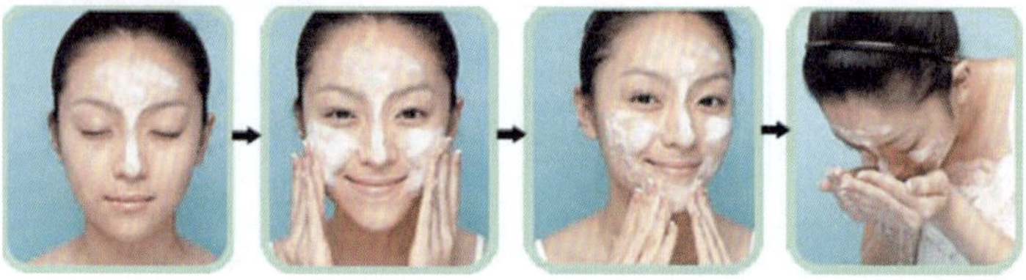

T字区和额头　鼻翼及两侧　嘴巴四周　洗去泡沫

3．女士淡妆

适度得体的妆容可以展现个人风采。礼敬他人的基本化妆是一门技术，也是一门艺术。自然得体是美容化妆的精髓。社会交往和职业场合的女性妆容受到环境的制约，一般以淡妆为佳。

(1) 面部五官标准比例。

面部修饰一般以“三庭五眼”为比例标准。

“三庭”是指：上庭，从额头的发际线到眉线；中庭，从眉线到鼻底线；下庭，从鼻底线到颏底线。

“五眼”是指：从正面看，右耳孔到左耳孔之间的脸部横向距离，正好相当于自己五只眼的宽度，即两眼角至脸边线各为一只眼睛宽度，两内眼角之间为一只眼睛宽度。

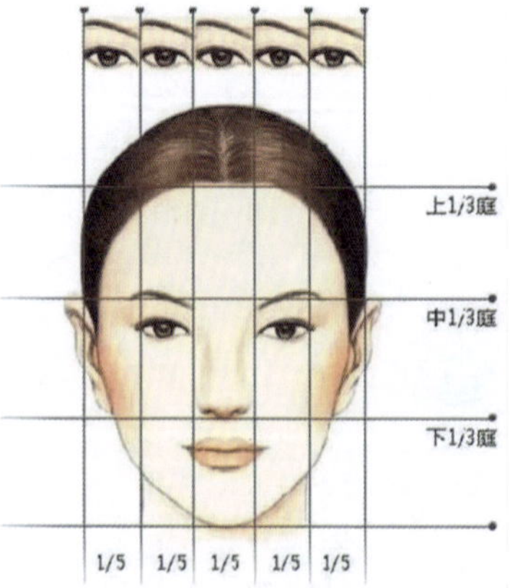

如果符合这个比例，就产生匀称美感；否则，就要在化妆时运用技巧进行调整和弥补。

(2) 女士淡妆的方法和步骤。

<table>
<tr><th>步　骤</th><th>描　　述</th></tr>
<tr><td rowspan="4">

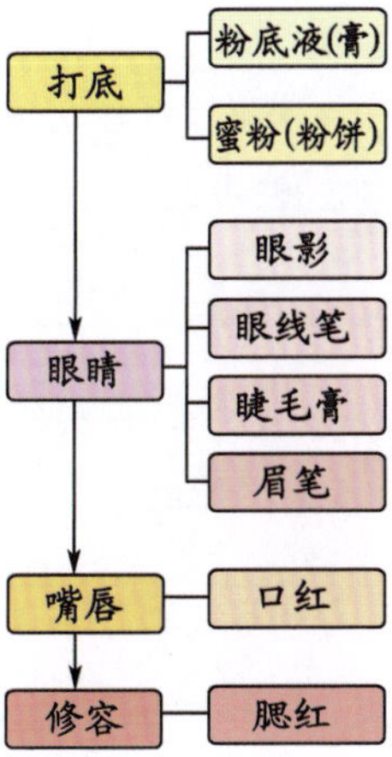

</td><td>打底：在面部均匀施上薄的粉底，可以遮瑕、均匀透亮肤色。
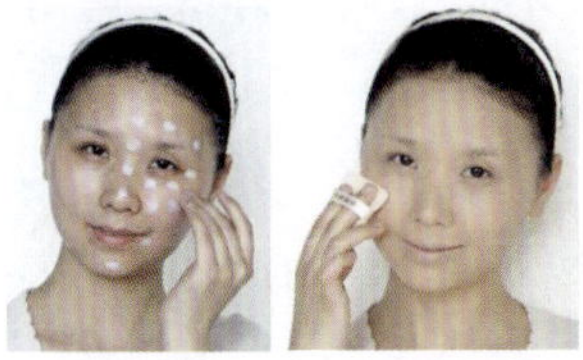
</td></tr>
<tr><td>眼妆：眼影从外眼角开始上色，往内眼角方向晕开；
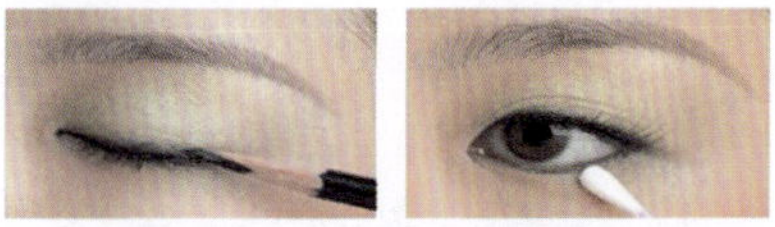
画上眼线：抬高下颚将眼睛往下看；
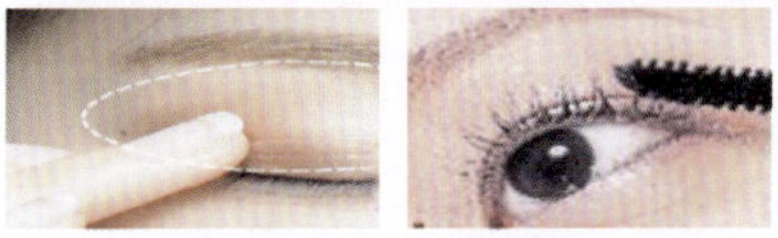
画下眼线：拉低下颚，眼睛往上看。</td></tr>
<tr><td>口红、唇彩：用唇刷把唇膏涂抹在双唇上，展现出唇部的自然色泽。
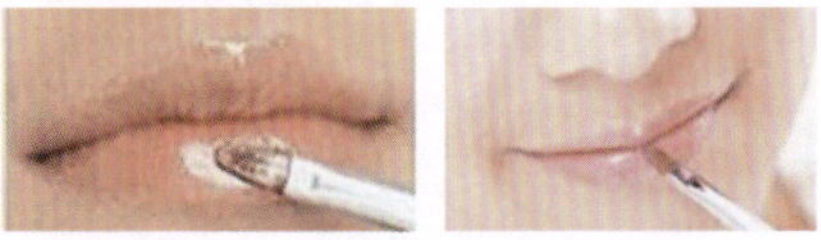
</td></tr>
<tr><td>腮红：用腮红刷照着图中演示的形状，从太阳穴扫向鼻尖。
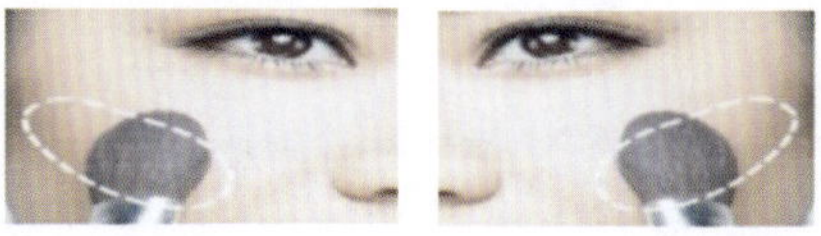
</td></tr>
</table>

【扫码观看职业妆方法】

(二) 发型修饰

发型是头发的整体造型，影响选择发型的主要因素有性别、年龄、个人风格、职业、场合等因素。一款合适的发型可以外秀头型内修脸型。庄重的社交和商务活动中一般不宜烫染过于夸张的发型和发色，不宜佩戴过分花哨的饰品。

1．男士发型

男士发型要体现简洁大方的原则，长度5~6厘米较为适中；

前发不覆盖额头一半，侧发不遮盖耳朵；

后发不长于后发际线，鬓角不要长于耳朵的中部。

2．女士发型

脸形	发型选择
	圆脸：前额的头发要高起来，不留过长过齐的发帘，两边的头发应帖服，不要蓬起。
	椭圆形脸：被称为东方女性的最佳脸形，也称鸭蛋脸、瓜子脸，适合多种发型，并能达到很和谐的效果。
	钻石脸形：应使两侧头发厚度大一些，用“刘海儿”遮住前额，比较适合蘑菇式发型。
	方形脸：两侧的头发稍长一些或烫一下，使脸形趋向于圆润，以曲线的美掩盖方形的缺欠，达到椭圆形脸的效果。
	三角（心）形脸：发型应尽可能增加额头两侧的厚度，可采用侧分发式掩盖尖窄的额头的缺陷。
	倒三角形脸：重点注意额头及下巴，“刘海儿”可以做齐一排，头发长度超过下巴2厘米为宜，并向内卷曲，增加下巴的宽度。

二、装容

着装，指服装的穿着。“它既是一门技巧，更是一门艺术。”从礼仪的角度来看，它不仅单指穿衣戴帽，更是指由此而折射出的人们的教养与品位。

着装实际上是一个人基于自身的阅历、修养和审美品位，对服装所进行的选择、搭配和组合。在各种社交场合，注重个人着装会给他人以良好的印象。依照社交礼仪，着装要赢得成功，必须遵守一个原则兼顾五个特性。

（一）遵守着装 TPO-R 原则

服装 TPO-R 原则，是有关服饰礼仪的基本原则之一。其中 T、P、O、R 四个字母，分别是英文时间、地点、场合、角色这四个单词的缩写。即着装要考虑到时间“time”、地点“place”、场合“occasion”和角色“role”。

它的含义是要求人们在选择服装时，应当兼顾时间、地点、场合和角色要求，力求使自己的着装及款式与着装的时间、地点、场合、角色身份相和谐。

例如，一个人身着款式庄重的服装前去应聘新职、洽谈项目，说明他郑重其事、渴望成功。而在这类场合，若选款式暴露、性感的服装，则表示对求职、项目不重视及对对方不尊重。

（二）着装的特性

1．个体性

着装个体性主要体现在要照顾自身特点，做到“量体裁衣”，使之适应自身，扬长避短；保持自己独有的风格，勿随波逐流。

2．整体性

着装的整体性主要体现在着装的和谐。要恪守服装本身约定俗成的搭配；使服装各部分相得益彰，力求展现着装的整体之美。

3．整洁性

着装整洁性主要体现在着装应整齐、完好、干净、卫生。各类服装要勤于换洗，不宜有污渍和异味。

4．文明性

着装的文明性，主要体现在符合社会道德传统和常规。

5．技巧性

服装的技巧性体现在着装时依照各种服装约定俗成的穿衣规范而行，免得失礼。

（三）着装场合

场合	场合描述	一般着装要求
公务	公务场合，指的是人们在工作地点，处于公务活动时间。如办公场所、参加公务活动等场合。	公务场合对于服装款式的要求是：庄重、保守、传统。如制服、套装、套裙、工作服等。
社交	社交场合，指人们在工作之外公共场合，处于人交往的时间。如聚会、拜会、宴会等，都是典型的社交场合。	社交场合对于服装款式的要求是：典雅、时尚、个性。如时装、礼服、民族服装，以及个性化服装等。
休闲	休闲场合，指人们在闲暇时间，在公务、社交之外的场合。如居家、健身、旅游、娱乐、逛街等，都属于休闲活动。	休闲场合对于服装款式的要求是：舒适、方便、自然。如家居装、牛仔裤、运动装、沙滩装等。

（四）男士西装

男士西装	描　述
	西装上衣要求： 衣长在臀围线以上 1.5 厘米左右； 袖长至腕部。 西裤要求： 裤线清晰笔直； 裤脚前面盖住鞋面中央；后至鞋跟中央。
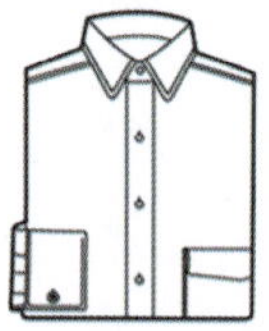	长袖衬衫是搭配西装的唯一选择，颜色以白色或淡蓝色为宜； 领子要挺，下摆束在裤内； 衬衫领口和袖口要长于西服上装领口和袖口 1~2 厘米。
	领带图案以几何图案或纯色为宜； 系领带时领结要饱满； 长度以系好后垂到皮带扣处为准。

续前表

男士西装	描　述
	腰带材质以牛皮为宜； 皮带扣样式和图案不宜夸张。
	搭配造型简单、鞋面光滑亮泽的式样。颜色与西装协调。

（五）女士套装

女士套装	描　述
	西服套装（裙），应注重面料，最佳面料是高品质的毛纺，最佳的色彩是黑色、灰色、棕色、米色等单一色彩。 在公务和商务场合，套装一般为长袖。 职业裙装裙长及膝，落座裙边上缩距离膝盖约10厘米。
	衬衫的颜色与套装相匹配即可；白色、米色与大多数套装都能搭配。 丝绸是最好的衬衫面料；另一种选择是棉质，但要熨烫平整。
	黑色高跟或半高跟船鞋是社交和职场女性必备基础款，可搭配任何颜色和款式的套装。 一般来说，肤色连裤袜是套裙的标配。 丝袜忌有破洞、跳丝。可在手袋里备用一两双袜子，以免尴尬失礼。

女性在社交场合着装比男性更具个性和多元化，更注重体现个人品位和风格。但值得注意的是，在社交、商务等仪式感较强的场合，女士着装应遵循TPO-R原则，注意着装得体，不宜过短、过露、过透、过紧，以免尴尬失礼。

三、配饰

配饰，指的是人们在着装同时佩戴的装饰性物品。它对于服装起着辅助、烘托、陪衬、美化的作用。从审美的角度来看，它与服装、化妆一道被列为人们美化自身的三大基本方法之一。较之于服装，它发挥了画龙点睛的作用。其中最重要的当首推领带(丝巾)、手表、首饰等。

(一) 领带

领带结	描　述
1. 平结 该结几乎适用于各种材质的领带。要注意两边均匀对称。	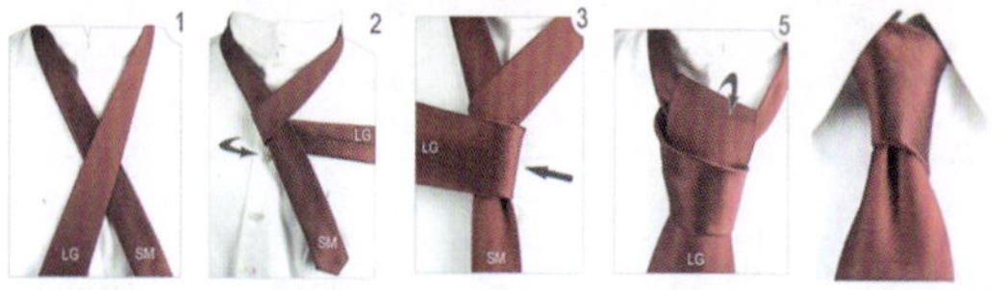
2. 温莎结 该结适合宽领型的衬衫，该领结应多往横向发展，应避免材质过厚的领带，领结也勿打得过大。	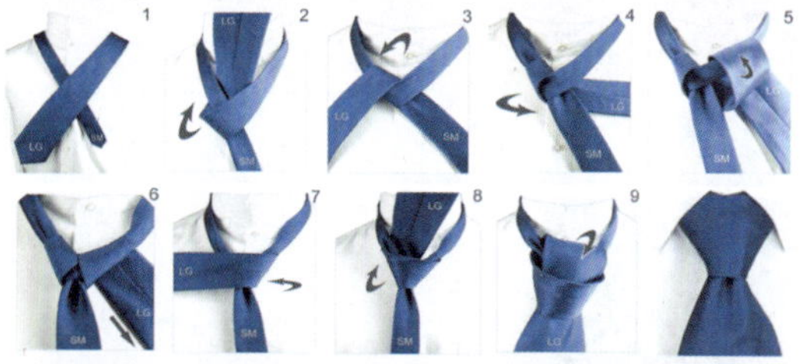
3. 普瑞特结 该结形状对称、大小平均、外观匀整，适合大多数衬衫和场合；缺点是领带的小领反面朝外。	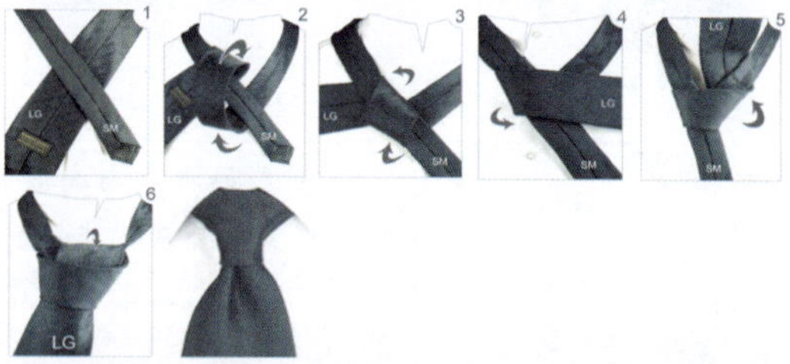
4. 肯特结 该结是步骤最简单的一种，结型也最小。	

(二) 丝巾

丝巾是一种唯美的配饰，是社交、职场女性必备的配饰之一。丝巾与女性的完美搭配，可使女性表现得或柔和唯美，或浪漫迷人，绽放优雅气质。

根据不同的社交活动场合，根据不同的发型和衣着，搭配不同颜色、不同图案、不同材质、以各种手法打成的丝巾结，可使女性时而端庄秀丽，时而恬静娴淑，时而热情奔放，时而甜美娇人。利用飘逸柔媚的丝巾作点缀，可提升服装的品位，使女性着装更具个人魅力。丝巾的妙用在于衬托着装整体效果，是彰显女性服装完美搭配的点睛之笔。

丝巾结打法及妙用举例：生活中，把不同的颜色、不同图案的丝巾以不同的方式打结，再配以适合的发型和衣着，就可以变换出不同寻常的姿态。不管什么场合，利用飘逸柔媚的丝巾稍作点缀，立刻就能让女性的穿着更有韵味。可以用丝巾调节脸部色泽，如红色系可映得面颊红润；或是突出整体打扮，如衣深巾浅、衣素巾艳。

丝巾搭配举例：

丝巾结	描　　述
	甜美香水百合结 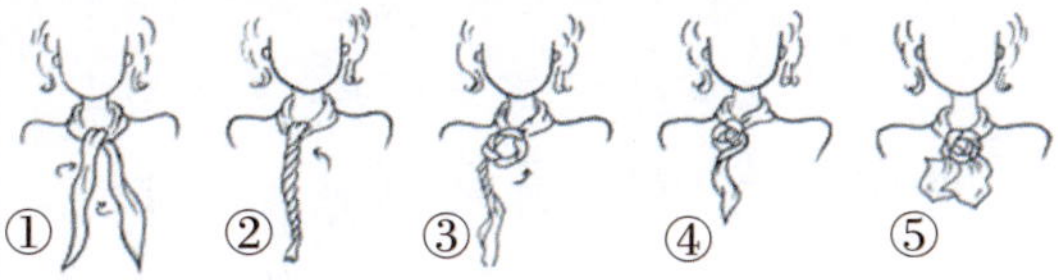
	端庄秀丽风琴结 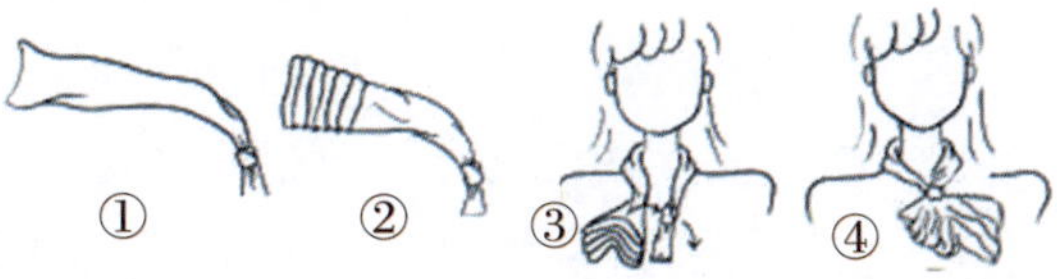
	茉莉结 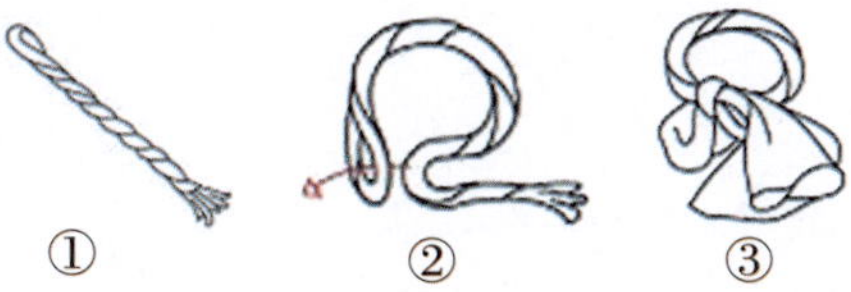
	百搭丝巾背心 

香水百合结系法

① 将长巾对折一次后挂在脖子上系个活结

② 将丝巾两边合并在一起扭转成麻花状

③ 将麻花围绕成花形

④ 将丝巾尾端从内至外塞入结内固定

⑤ 调整花的形态和位置

风琴结系法

① 将长巾随意对折成长条形并在一端打个结

② 在长巾另一端折出风琴折

③④ 将折好的丝巾围在脖子上，将风琴折的一端穿过另一端的结整理成形

茉莉结系法

① 将丝巾对折紧紧地拧好

② 佩戴在颈部，将近端头的部分对折后从环中穿出

③ 将颈环和端头展开部分整理成形

百搭丝巾背心系法

① 将方巾按对角线对折

②③④⑤ 按照图示方法系成背心装整理成形

实务训练

一、阅读下列背景资料，完成实务训练。

小美女士在ST集团工作。一次公司派她前往南方参加一个大型外贸商业洽谈会，为此，她特地穿上当季最流行的高级名牌时尚而飘逸的粉色衬衫和真丝长裙。

1．综合以上材料，下列选项正确的是：

A．当代的职场人士主要是以貌取人

B．小美的衣着上下搭配不协调

C．小美衣着未体现她的职业特征

D．小美的衣着没有凸显她的个性

2．根据你所了解的形象礼仪知识，判断以下商务活动场合衣着搭配不合理的一项是：

A．黑色西装套装、黑色领带、深色皮鞋、深色袜子

B．白色衬衫、蓝色领带、深色西裤、深色皮鞋、白色袜子

C．白色短袖衬衫、深色西裤、深色皮鞋、深色袜子

D．灰色西服套装、灰色领带、深色皮鞋、深色袜子

二、完成下列仪容实务训练。

1．请女士准备化妆工具，为自己打造一款办公室职业妆。

2．请男士为自己设计一款适合社交场合的发型。

造型前	造型后

三、完成下列配饰实务训练。

1．练习各种领带结的打法，体会配饰与衬衫、西装的色彩搭配。

2．通过互联网搜索更多丝巾结图解。根据个人体型特征，练习各种丝巾结的打法，体会丝巾与服装的搭配美学。

单元测试

1．女士基础护肤的步骤是：______、________、________。

2．“三庭”“五眼”指的是什么？

3．服饰颜色搭配应注意，一般不超过（　　）种颜色。

A．2　B．1　C．3　D．4

4．简述着装的“TPO-R”原则。

单元2 容　止

单元引擎

《礼记》认为君子的行为规矩有“九容之雅”——足容重，手容恭，目容端，口容止，声容静，头容直，气容肃，立容德，色容庄。这对我们今天践行行为礼仪有什么指导意义？

行为举止包含个人仪态、风度、表情等，是一种无声的语言，反映了较高的礼仪修养，这在社会交往和商务活动中是尤为重要的。

通过本单元的学习，学习者能够掌握生活交往中基本的行为礼仪，塑造优美、典雅的行为举止。优美的体态彰显自信，衬托出美好的气质和风度，并给他人留下美好的印象。

知书达“礼”

一、行为举止

（一）立容德

1. 站姿基本要领

（1）脚跟靠拢，脚尖分开成“V”字形，开度为45°~60°，身体重心落在两脚之间的中心位置上。

（2）两腿直立，双膝并拢。

（3）收腹提臀，立腰挺胸。

（4）双肩平且下沉。双臂自然下垂，手指自然弯曲。

（5）头正，颈直，下颌微收，微笑、平视前方。

2．男女站姿有别

站　姿	演　　示
立正站姿： 身体直立，双手置于身体两侧，双腿自然并拢，脚跟靠紧脚尖分开呈“V”字形。 基本站姿口诀： 头正、颈直、肩要平； 挺胸、收腹、上提臀； 脚跟相靠脚尖“V”； 三椎一线头(顶)找天。	
前搭手位站姿： 身体直立，双臂下垂置于腹部。 女性将右(左)手搭握在左(右)手四指，双手拇指交叉向内不外露，两脚如图呈半丁字步； 男性左手空握，右手五指并拢覆在左手手背，自然垂放腹前，两脚可平行开立，略窄于肩宽。	

(二) 坐容端

规范的礼仪坐姿端庄而典雅，给人自然大方的美感。

1．坐姿基本规范

(1) 入座时轻、稳、缓，落座时一般坐满椅子的2/3。

(2) 落座后立腰、挺胸，上体自然挺直；双肩平正放松，双手掌心向下自然叠放于腿上，亦可放在椅子或沙发扶手上，以自然得体为宜。神态从容自如，下颌微收。

(3) 离座时注意调整身体重心，自然稳当站起。

(4) 女士入座时，若着裙装，应用手拢好裙摆，尽量避免坐下后再拉拽衣裙的不雅姿态。

(5) 会议等正式场合一般从椅子的左边入座，也从左边离座。

(6) 女士入座尤要娴雅、静美，双腿双脚并拢，两手叠放于双腿上，给人以端庄、大方之美。双腿叉开或成4字形的叠腿方式尤其失礼。

2. 社交与职场中常用坐姿

坐　姿	描　述
端坐： 女士膝盖自然并拢，小腿垂直地面，双脚并拢； 男士两膝自然分开与肩同宽。	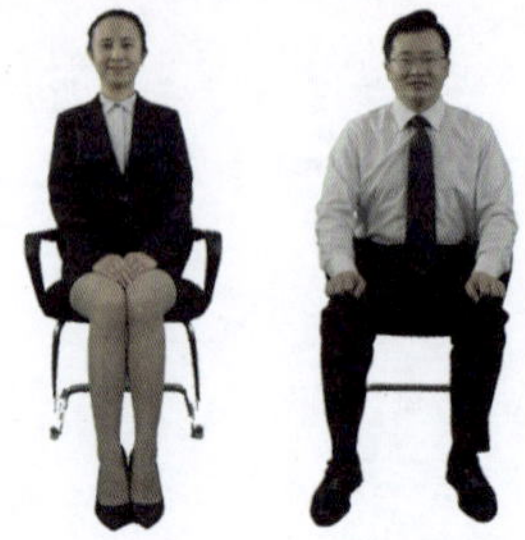
斜放式： 女士常用坐姿，双膝并紧，注意不要脚底外翻。 前后式： 男士常用坐姿，前脚不宜前伸过远。	

（三）蹲姿稳

1. 高低式蹲姿

下蹲时左脚在前、右脚稍后（不重叠），左脚全脚着地，小腿基本垂直于地面；右脚脚跟提起，脚掌着地。右膝低于膝，臀部向下，基本上以右腿支撑身体。男士选用这种蹲姿时，两腿之间可有适当距离。女士则两腿并紧，穿旗袍或短裙时需更加留意，以免尴尬失仪。

2. 女士交叉式蹲姿

下蹲时右脚在前，左脚在后，右小腿垂直于地面，全脚着地。左腿在后与右腿交叉重叠，左脚跟抬起脚掌着地。两腿前后靠紧，合力支撑身体，上身稍前倾。

（四）行如风

良好的行姿应当身体直立、收腹立腰、两眼平视前方，双臂放松在身体两侧自然摆动，脚尖向前方迈出，跨步均匀，步履自然，有节奏感。

男女步态风格有别：男士步伐矫健、潇洒、豪迈，展示阳刚之美；女士步伐轻盈大方、娴雅，体现庄重之美。

起步时，身体微前倾，身体重心落于前脚掌，行走重心随移动的脚步向前过渡，而不要让重心停留在后脚。应根据身高、着装与场合的不同而调整步幅大小。

步位是指两脚下落到地面的位置。女士行走时，两脚内侧着地的轨迹要在一条直线上；男子行走时，两脚内侧着地的轨迹要在两条相距很近的平行线上。

（五）手容恭

1．邀请

五指并拢自然伸直；掌心斜向上方，手掌与地面成135°角；腕关节伸直，手与前臂形成直线，整个手臂略弯曲约135°，以肘关节为轴，上臂带动前臂，由体侧自下而上将手臂抬起，身体微前倾，面带微笑，致问候语。

2．引导

引导，即引领行进的方向。

五指伸直并拢，掌心向上与地面约成135°，朝欲引导的方向伸出手臂；身体侧向来宾，目光兼顾来宾和所指方向；一般引导者在来宾左前进行引导。

3．请坐

接待来宾入座时，左手或右手抬起，以肘关节为轴，使手臂向下呈一斜线，致语“请入座”。

4．指示方向

为他人指路、指示方向是社交活动中常遇到的事。可以采用直臂式手势：将胳膊由身前抬起到略低于肩时，再向要指的方向伸出手臂；与引导手势不同的是，指示方向时，手臂高度齐肩、肘关节基本伸直；上体微前倾，眼睛看所指目标方向，兼顾客人是否会意；面带微笑。

二、容色有庄

（一）目容端

孟子曰：“存乎人者，莫良于眸子，眸子不能掩其恶。胸中正，则眸子瞭焉；胸中不正，则眸子眊（mào）焉。听其言也，观其眸子，人焉廋哉？”

眼睛是心灵的窗口，能表达复杂、微妙、细腻、深邃的感情。

它能如实地反映人的内心思想感情，反映人的思维活动。

人们在日常生活之中可以借助于眼神传递信息，泰戈尔指出："一旦学会了眼睛的语言，表情的变化将是无穷无尽的。"

1．注视位置

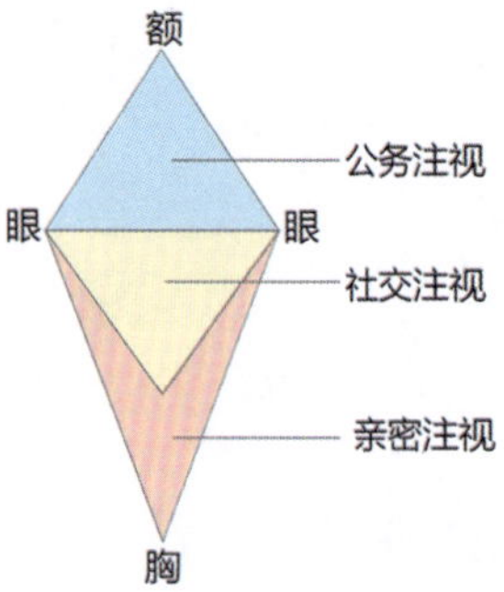

注视对方身体不同位置，传达的信息会有差别，造成气氛也有差别。不同的场合和对象，目光所及之处应有区别。

（1）公务注视：用于洽谈、磋商、谈判等场合。注视位置在以对方双眼为底线、额头为顶点的三角形区域内。若一直注视这个区域，便给人以严肃、认真的感觉，使对方感到是要谈正事，并也就能保持主动。

（2）社交注视：用于各种社交场合。注视位置以对方双眼为底线、唇部为顶角的倒三角形区域内。这种注视令人感到舒服、有礼貌，可以营造一种和缓的社交气氛。

（3）亲密注视：用于亲人、恋人之间，注视位置在对方双眼到胸部之间的区域内。

2．不同目光的运用

发言：用目光环视全场，表示"请予注意"。

洽谈：通过适宜的目光与对方交流，调整交谈的气氛。保持目光的接触，随话题、内容的变换，做出恰当的反应，使整个交谈融洽、和谐。

（二）笑容庄

微笑是一种令人感觉愉快的表情，是日常交往善良、友好、赞美的表示。

微笑是一种无声的语言，渗透着自己的情感。

微笑是社会交往礼仪的基础，亲切、温馨的微笑能使人们迅速缩小彼此间的心理距离，打破交际障碍，创造出交流与沟通的和谐氛围。

微笑应发自内心，得体端庄：

（1）心：礼由心生，发自内心的喜悦。

（2）眼：当在微笑的时候，眼睛里也要含笑，否则，给人的感觉是"皮笑肉不笑"。

（3）口：微笑和问候语、敬语结合起来使用，对方会感到你的话语是发自内心的。如微笑着说“早上好”“您好”等礼貌用语，所谓“欢声笑语” 。

(4) 身：微笑要与正确的身体语言相结合，才会相得益彰，给对方以最佳的印象。如微笑和点头、握手、鞠躬等礼节结合起来使用，会彰显肢体语言中的情感色彩。

实务训练

一、学习本单元行为礼仪要领，完成下列实务训练。

1．体会行、站、坐、礼姿的基本要领，并进行实务训练。

2．建议将练习过程拍摄照片或小视频记录，回放，点评。

二、在音乐中放松心情进行微笑实务训练，让微笑与生活如影随形。

建议用手机拍照或小视频记录，回放，点评。

三、登录互联网，关注下列背景资料，完成实务训练。

1．分组讨论：行为举止彰显个人教养和修养，主持人的采访仪态带给我们怎样的启示？

2．结合个人工作生活，示范常用礼仪礼姿。

单元测试

1．《礼记》中君子行为规矩的“九容”包括哪些内容？

2．微笑得体包含哪几个方面？

3．公务注视目光一般用于什么场合？请在图中标出公务注视的区域。

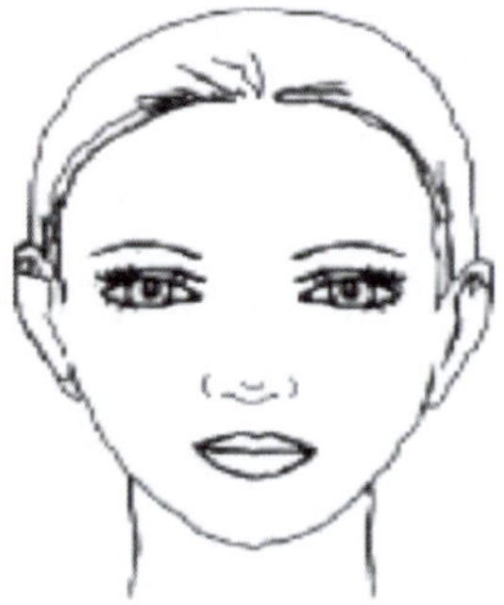

4．判断下列落座过程哪些姿态是不正确的。

A　　B　　C　　D

单元3　语　言

单元引擎

“言语之美，穆穆皇皇。”中国素来以文明古国、礼仪之邦著称，语言美是我国的优良传统之一，荀子曰：“与人善言，暖于布帛，伤人以言，深于矛戟。”人人注重语言美，就会形成“美善相乐”的社会风气。您如何理解工作生活中语言美的意义？

《礼记·曲礼》中说：“鹦鹉能言，不离飞鸟；猩猩能言，不离禽兽。今人而无礼，虽能言，不亦禽兽之心乎！”

人类是群居的动物，彼此间需要交流才能相处合作。俗话说“言为心声”。语言是人类用以表达思想、交流情感、沟通信息的特有工具。所以沟通交流从语言开始，尊重从交谈开始。

英国著名教育家约翰·洛克说：“礼貌是儿童与青年所应该特别小心养成习惯的一件大事。”语言著文明，礼貌显素质。在人际交往中该怎样注重语言礼仪呢？

语言是个人礼仪的一个重要组成部分。通过本单元的学习，学习者能够了解交谈礼仪在日常生活中的重要作用；熟练灵活地使用敬语、谦语等。

知书达“礼”

一、交谈有礼

随着人类社会的高度发展，交谈已成为政治、外交、科学、教育、商贸、公关等各个领域不可或缺的一项语言活动。

哲学家亚里士多德说:“一个人不能远离其他人而成功地独自生活,与别人有效地沟通和建立良好的关系就是一种生存适应力……”

交谈是两人或多人之间的沟通形式,通过交谈可以学习研讨,聊天谈心,交流信息,沟通情感。交谈包括交谈的主体、客体和交谈内容三个方面。

善于交谈的人给大家带来愉悦、友爱、和谐的氛围,同时自己也会在交谈中享受友情与人际和谐的美好;反之,则会成为一个不受欢迎的人,甚至因为言语失礼而与朋友失和,酿成苦果。

语言是建立良好人际关系的重要途径,是连接人与人之间思想感情的桥梁。“一人之辩重于九鼎之宝,三寸之舌强于百万之师”,强调的是“信”;“良言一句三冬暖,恶语伤人六月寒”强调了“仁”和“敬”。

语言应基于以下原则才能架设起人与人沟通的桥梁。

(一) 文明的原则——非礼勿言

语言讲究礼仪规范,是文明的标志,是对交往对象表达尊重的方式。在我们周围有些人受不良环境影响,养成说脏话的习惯,“出口成脏”。语言不文明是人文素质低下的表现。要提高我们文化素质,忌用垃圾语言,提高语言的文明程度。

(二) 真诚的原则——忌假大空话

真诚是做人的美德,也是交谈的原则。交谈双方态度要认真、诚恳,才能有融洽的交谈环境,才能奠定交谈成功的基础。要认真对待交谈的主题。在人际交往中,信任的建立,需要真诚的日积月累;信任的崩溃,只需一句谎言。所以富兰克林说:“诚恳,不欺骗人;思想要纯洁公正;说话也要如此。”在交往中的花言巧语,最终将把自己陷于尴尬境地。

(三) 尊重的原则——忌目中无人

语言交谈是双方思想、感情的交流,是双向活动。要取得满意的交谈效果,就必须顾及对方的心理需求。交谈中,来自对方的尊重是任何人都希望得到的。交谈双方无论地位高低、年纪大小、辈分高低,在人格上都是平等的。

此外，在与人交谈的过程中要讲究时间、场合、身份。谈话时我们除了听、看、思考外，还要了解一般的交谈禁忌，以免影响沟通效果。

1．社交场合六不谈

第一，不能非议国家和政府，要拥护党和政府的领导。

第二，不能涉及国家和商业秘密。

第三，不能干涉交往对象单位的内部事务。

第四，不在背后议论领导和同事。

第五，不谈格调不高的话题，做有教养的人。

第六，不涉及私人问题，对外交往关心要有度。

2．社交场合五不问

第一，收入不问。

第二，年纪不问。

第三，婚姻不问。

第四，健康不问。

第五，个人经历不问。

二、言语有章

（一）说的礼节

1．言之有物

"说"要有观点、有内容、有内涵、有思想，空洞无物、废话连篇不会受人欢迎。"说"要明确地将需要传递的信息准确地送到对方的大脑里，反映客观事物，揭示客观事理，表达思想感情。

2．言之有序

根据"说"的主题和中心设计"说"的次序，"说"要有逻辑和科学性。"使众理虽繁，而无倒置之乖；群言虽多，而无棼丝之乱。"（刘勰《文心雕龙》）交谈时，思路要清晰，内容有条理。

3．言之有礼

"说"要讲究礼节礼貌。知礼会为你的交谈创造一个和谐、愉快的环境。讲话者应态度谦逊，语气友好，内容适宜，语言文明。

4．言之有术

人类语言的特点就在于能用变化无穷的语音，表达变化无穷的意义。这是任何其他动物都办不到的。

“说”不仅要考虑说的内容，更要讲究语音、语调、表情和肢体语言的配合。语调要热情明朗积极；咬字要清晰准确、段落分明；语速适中善用停顿；音量适宜，“说”中有“情”。为了顾及对方的感受，要学会实话巧说，这是人心的仁爱与艺术的表达。

（二）敬语谦辞

谦敬语是在人际交往中经常使用的、用来表示谦虚、尊敬的礼貌用语，也称客套话。谦敬语的运用十分普遍，它可以说是社交中的润滑剂、黏合剂，能减少人际间的“摩擦”和“噪音”，可以沟通双方感情并产生亲和力，其作用是不可低估的。

1．称呼敬语

称呼，通常指人们在日常交往应酬中，所采用的彼此之间的称谓语。在人际交往中，选择正确的、适当的称呼，反映着自身的教养、对对方尊敬的程度，甚至还体现着双方关系发展所达到的程度和社会的风尚。我们应该做到外敬内谦。

（1）生活中的称呼。

类型	举　例
亲属	父亲的父亲称“祖父”，父亲的祖父称“曾祖父”。 姑、舅之子女称“表兄（弟姐妹）”；叔、伯之子（女）称“堂兄（弟姐妹）”。对外称辈分或年龄高于自己的亲属，可在其称呼前加“家”字，如“家父”“家叔”“家姐”。对外称辈分或年龄低于自己的亲属，可在其称呼前加“舍”字，如“舍弟”“舍侄”。对外称自己的子女，可在其称呼前加“小”字，如“小儿”“小婿”。
对他人亲属	对其长辈，宜在称呼前加“尊”字，如“尊大人”。对其平辈或晚辈，宜在称呼前加“贤”字，如“贤妹”“贤侄”。若在称呼前加“令”字，一般不分长幼，如“令堂”“令尊”“令爱”“令郎”。
对朋友、熟人	对朋友、熟人中的长辈称“您”；对有身份的长者，可称“先生”；对文艺界、教育界人士，有成就、有身份者，均可称“老师”；对德高望重的资深、年长者，可称“××公”或“×老”。对平辈朋友、熟人可以姓名或姓相称；同性朋友、熟人，若关系较亲密，可直呼其名。

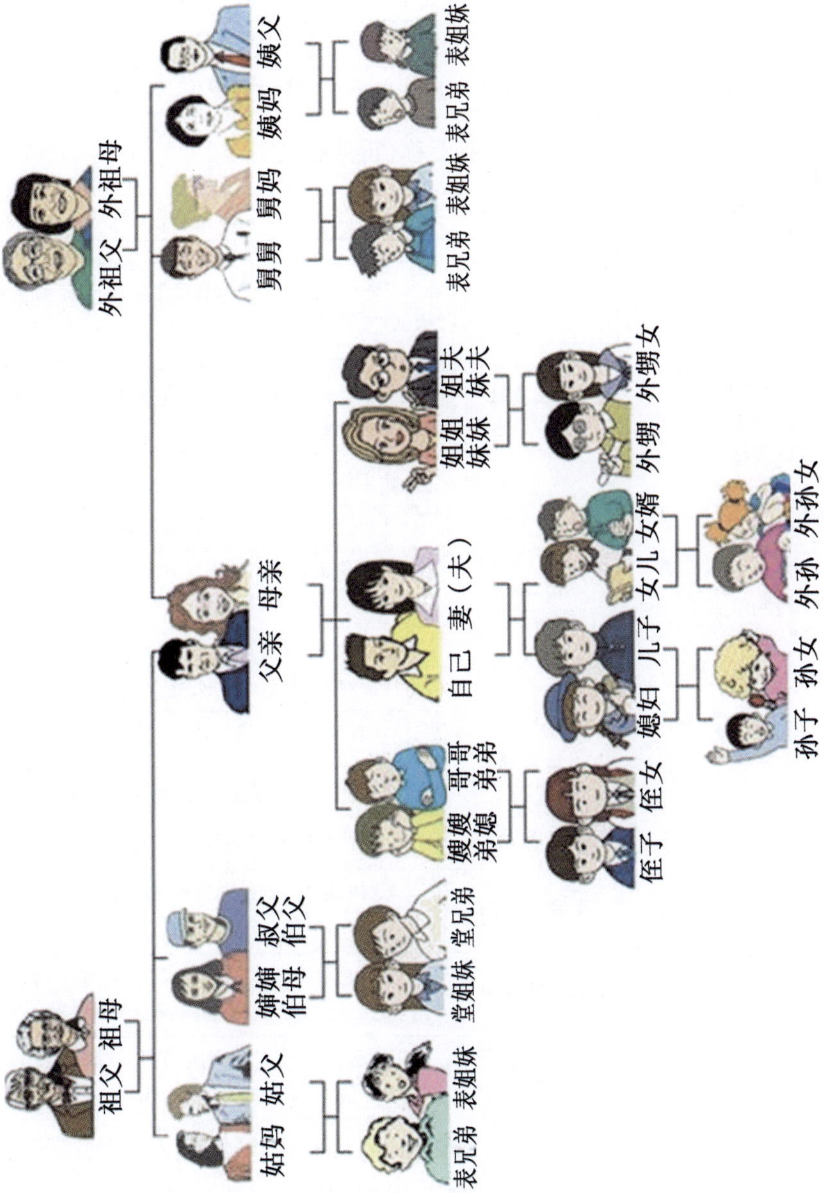
祖父 祖母
外祖父 外祖母
姑妈 姑父
婶婶 叔父
伯母 伯父
父亲 母亲
舅舅 舅妈
姨妈 姨父
表兄弟 表姐妹
堂姐妹 堂兄弟
嫂嫂 哥哥
弟媳 弟弟
自己 妻（夫）
姐姐 姐夫
妹妹 妹夫
表兄弟 表姐妹
表兄弟 表姐妹
侄子 侄女
媳妇 儿子
女儿 女婿
外甥 外甥女
孙子 孙女
外孙 外孙女

常用雅语谦辞
初次见面曰:幸会;
好久不见曰:久违;
等候别人曰:恭候;
看望别人曰:拜访;
请人勿送曰:留步;
麻烦别人曰:打扰;
请人帮忙曰:烦请;
请给方便曰:借光;
请人办事曰:拜托;
请人解答曰:请教;
赞人见解曰:高见;
归还原物曰:奉还;
中途离开曰:失陪;
老人年龄曰:高寿;
请人原谅曰:包涵;
请人收礼曰:笑纳;
朋友欲行曰:慢走;
未能亲迎曰:失迎;
请受邀请曰:赏光;
与人告别曰:告辞;
礼貌不周曰:失敬;
对方来信曰:惠书;
他人指点曰:赐教;
赠送作品曰:雅正。

(2) 工作中的称呼。

工作中称呼的原则:庄重、正式、规范。

类型	举　例
职务性称呼	以交往对象的职务相称,以示身份有别、敬意有加。方式有:姓名+职务;姓氏+职务;职务。
职称性称呼	姓名+职称;姓+职称;职称。
学衔性称呼	姓名+学位;姓+学位。

(3) 行业泛称(行业性称呼)。

类型	举　例
称呼职业	如将教员称为"老师",将教练员称为"教练",将警察称为"警官",将会计师称为"会计",将医生称为"医生"或"大夫",等等。
女士、先生	对商界、服务业人员,按性别的不同称为"女士""先生"。欧美对未婚女性称"小姐",已婚或其婚姻状况不明的女性称"女士" 。

2. 口语交流中的敬语谦词

类型	举　例
问候语	"您好""大家好"(可加时效性词语如 "上午""下午" "晚上")……
欢迎、赞美语	"欢迎""欢迎光临""欢迎您的到来""见到您很高兴""恭候您的光临""久违""久仰""高见"……
送别语	"再见""慢走""(请)留步""走好""欢迎再来""一路平安"…… 注意:送乘飞机的朋友一般不说"一路顺风" 。
请托语	"请""劳驾""麻烦您""请您赐教""拜托" 等。
致谢、道贺语	"谢谢""感谢您的帮助(支持、理解、赞美、善意)""恭喜""请您笑纳"……
推托语和道歉语	"对不起""不好意思""非常抱歉""请原谅""失陪"……
谦辞	"承蒙错爱""您过奖了""不敢当""惠顾""寒舍""包涵""失迎""有失远迎" ……

为了实现交往的目的,言谈中不仅要注意话题的选择,还要注意表情、态度、用词,挥洒交谈的技巧。"言为心声,语为人镜。"谈吐是有声语言,表达人的心声;表情则是无声语言,是人的内心情感的外显。遵守语言谈吐礼仪,是顺利取得良好交际效果的"润滑剂"。

三、倾听有敬

（一）真诚倾听

倾听别人说话时，应集中注意力，眼睛关注对方，身体略微前倾，让对方感觉到被重视，建立良好交流氛围。

（二）耐心倾听

听要有耐心，不随便打断别人讲话，积极思考，适时归纳自己的回应，有不同观点尽量在听完后阐述。

（三）适时反馈

适时运用动作和表情回应这表明你已经听到并理解了信息。可以适时用提问、简短的语言，如“是”“对的”或点头微笑来表示你的赞同和鼓励。

（四）用心去听

这是倾听的最高境界，即用同理心去听。

实务训练

一、语言表达与倾听游戏。

1．学员A、B组成一组；

2．A、B学员分别模拟说者和倾听者。

A（说者）：向B叙述自己生活中一件记忆深刻的事……

B（听者）：心不在焉、打岔、打哈欠……

3．交换角色，重复上述的内容，不同的是这次听者态度认真投入，并适时给予说者反馈。

4．从语言和交谈礼仪的角度谈谈各自的感受。

二、语言拓展练习。

1．登录互联网，搜索并收听配乐诗朗诵《我的南方和北方》。

2．为自己选择一篇朗诵材料，并在把握不准的字上注音，然后：

著名散文家毕淑敏在《让我们倾听》中有这样一段话：

在“倾听”这门功课上，许多人不及格。

如果谈话的人没有我们的学识高，我们就会虚与委蛇地听。

如果谈话的人冗长繁琐，我们就会不客气地打断叙述。

如果谈话的人言不及义，我们会明显地露出厌倦的神色。

如果谈话的人缺少真知灼见，我们会讽刺挖苦，令他难堪……

凡此种种，我都无数次地表演过，至今一想起来，无地自容。

(1) 慢速阅读,做到发音准确;

(2) 逐渐加快速度,练嘴巴的灵活度;

(3) 带感情地朗读,直到感染自己。

3. 将自己的朗诵练习录音,回放,点评。

单元测试

1. 语言是人类用以________、________、________的特有工具。

2. 交谈礼规中的"六不谈"是指什么?

3. 交谈礼规中的"五不问"是指什么?

4. 《礼记》中说:"鹦鹉能言,不离飞鸟;猩猩能言,不离禽兽。今人而无礼,虽能言,不亦禽兽之心乎!"对这句话的正确理解是(　　)

A. 鹦鹉、猩猩和人一样都能讲话

B. 人比动物更有礼,更讲理

C. 人之所以远远高于动物,是因为人类更文明

D. 动物应像人一样讲礼貌

5. 请为下列敬语谦辞连线:

初次见面曰	请教
请人勿送曰	失陪
请人帮忙曰	笑纳
请人解答曰	包涵
归还原物曰	赏光
中途离开曰	失迎
请人原谅曰	留步
请人收礼曰	幸会
未能亲迎曰	烦请
请受邀请曰	奉还

本篇综合实务训练

一、服饰被认为是社交场合中的“第二肌肤”，它反映着一个人的社会地位、个性品质等。得体的形象会在很大程度上帮助自己树立自信心。阅读关于背景资料，完成综合实务训练。

小美女士(乔林先生)是M公司商务代表。今天公司安排她(他)去拜访一个重要的客户，为了使她(他)洽谈成功，并给客户留下美好的第一印象——

请您进行角色模拟，完成下列各项：

1．为小美(乔林)设计：① 发型和职业装；② 衬衫；③④ 商务套装/套裙；⑤ 手提包/领带；⑥ 皮鞋等形象和着装搭配。

2．模拟可能遇到的社交场景及在此场景下恰当的行为举止。

3．应注意哪些个人社交形象礼仪与规范？

4．分组设计洽谈场景并扮演任务中的角色。

运用本任务知识点完成上述任务。

二、阅读下列背景材料,完成实务训练。

契诃夫短篇小说《公务员之死》中有一段描写刻画了文中的某一荒诞角色:小公务员切尔维亚科夫在看戏时,不小心打了一个喷嚏,他觉得这个喷嚏给坐在自己前面的一位将军带来了不快,于是开始道歉。他在戏剧演出过程中道了歉,在幕间休息时再次道歉,事后又专程赶到将军的办公室请求宽恕。可切尔维亚科夫仍然感到还是没能以适当的方式向将军致以歉意,因而一直想找机会寻求将军的宽恕。这个故事的结局极具悲剧色彩:将军被切尔维亚科夫无休止的道歉惹得勃然大怒,把这个小公务员从办公室轰了出去。切尔维亚科夫吓得惶惶不可终日,回到家中不久便死去了。

1．根据背景材料撰写礼仪表演剧脚本。

2．分角色模拟表演礼仪表演剧《公务员之死》。

3．讨论：这个故事对于我们学习行为礼仪有什么现实意义？

第二篇
交往礼仪

“不学礼，无以立。”在社会活动中掌握必备的交往礼仪知识，对于提升个人修养、魅力起到积极的促进作用。在与他人交往过程中，应礼敬他人，做到“接受”(accept)对方、“重视”(attach)对方、“赞同”(agree)对方，通过社交礼仪架起沟通的桥梁。本篇内容包含介绍之礼、握手之礼、名片之礼、接待与拜访之礼。

单元4　介　　绍

单元引擎

ST公司营销部秘书小美，应邀参加李卓经理的生日晚宴。宴会上大家谈笑风生，气氛十分融洽。小美想介绍李卓经理与一个重要客户M集团张文经理认识。您认为小美在做介绍时应注意哪些礼规呢？

通过本单元的学习，学习者能够掌握介绍的一般礼仪规范，灵活应用自我介绍和为他人介绍的技巧。

知书达“礼”

介绍，是通过个人主动或他人从中沟通，使得交往双方互相认识并建立一定联系的社交方式。在社交场合能得体地应用介绍礼仪，不仅可以拓展个人交往范围，广交益友，且有助于自我展示以及树立个人和组织形象。

【扫描二维码进行拓展学习】

一、自我介绍

自我介绍应谦逊、简明，把对对方的敬重之情真诚地表达出来。自我介绍一般有下面几种常用的方式。

（一）应酬式

该方式最简洁，往往只包括姓名一项即可。如“您好！我叫×××。”该方式适用于一些公共场合和一般性的社交场合，如途中邂逅、宴会现场、舞会、通电话时。它的对象主要是一般接触的交往人。

(二) 工作式

一般工作式介绍包括本人姓名、供职的单位以及部门、担任职务或从事的具体工作等内容。

(三) 交流式

交流式又称社交式,是一种寻求与交往对象进一步交流的沟通方式,希望对方认识、了解自己,与自己建立联系。介绍内容包括本人姓名、工作、籍贯、学历、兴趣等。

二、为他人介绍

为他人介绍,即介绍不相识的人相互认识,或是把一个人引见给其他人。

(一) 介绍的顺序

为他人做介绍一般来说遵循以下规则,受到尊重的一方有了解对方的优先权。

1. 把男士介绍给女士

如果男士为尊长,则需要把女士介绍给尊长的男士。

2. 把晚辈介绍给长辈

优先考虑被介绍双方的年龄差异,通常适用于同性之间。

3. 将主人介绍给客人

适用于来宾众多的场合,尤其是主人未必与每个客人都相识的时候。

4. 把职位低者介绍给职位高者

适用于比较正式的场合,特别适用于职业相同的人士之间。

5. 把家人介绍给朋友和同事

当家人和同事相遇时,一般是先将家人介绍给同事或朋友。

(二) 介绍人角色

在不同情况和不同场合,需要由不同的人来担任介绍人角色。

在公务活动中,公关人员是最适当的介绍人人选。在接待贵宾时,介绍人应是本活动中职位高的人士。

在社交场合中,例如参加舞会、出席宴会时,介绍不相识的来宾相互认识,是主人义不容辞的责任。

(三) 介绍人陈述

一般来说,介绍人陈述的内容宜简。内容通常为:姓名加上尊称、敬语。介绍人还可以辅以手势,例如,先指向一方说:“赵女士,我向您介绍一下,这位是何先生……”,再指向另一方说:“何先生,这位是赵女士……”

实务训练

一、对本单元引擎的案例进行讨论:小美在李经理的生日宴会上应如何向李经理介绍那位重要客户并进行分组模拟训练。

二、观察下列三种情境中的角色,三人一组进行为他人介绍的实务训练;交换角色重复进行三轮训练。

1. 模拟生活和工作常用情景的自我介绍,体会语言和手势的应用。

2. 列出您在实务训练中体会到的介绍礼仪应注意的问题。

单元测试

1. 介绍时谁先主动的原则是什么?

2. 自我介绍有哪几种形式?

3. 一般社交活动中,先向男士介绍女士,是否正确?

4. 工作式介绍主要包含哪些元素?

5. 客户张总来公司办理业务需要秘书小美的引见,小美领着张总走进会议室,营销副总裁、营销经理李卓和营销部职员小陈都在。这种情况下,小美应如何为张总做介绍?

单元5 握　手

单元引擎

以上三种情况下行握手礼，谁先伸手比较得体？

通过本单元的学习实践，学习者能够掌握社交活动中握手的礼规；正确把握握手的顺序、场合与禁忌，以免在社交活动中失礼。

知书达“礼”

【扫描二维码进行拓展学习】

在不同的历史时期、不同的文化背景之下，人们所采用的会面礼节往往千差万别。为人们所熟知的会面礼节，就有点头礼、举手礼、致意礼、脱帽礼、握手礼、拥抱礼、亲吻礼、鞠躬礼、合十礼、吻手礼、碰鼻礼、拱手礼、叩头礼、跪拜礼、屈膝礼，等等。当前在中国乃至世界各国最为通行就是人们在日常生活中经常采用的握手礼。

一、握手的顺序

握手的顺序遵循“尊者决定”原则。根据礼仪规范，握手时双方伸手的先后次序，应当在遵守“尊者决定”原则的前提下，具体情况具体对待。

（一）社交、休闲场合，主要取决于年纪、性别

（1）社交场合年长者与年幼者握手，一般年长者先伸出手，年幼者才伸手相握。

(2) 社交场合女士与男士握手时，一般女士先伸出手，男士才伸手相握。

(3) 在客人前来拜访时，主人应先伸出手表示欢迎。

(4) 在客人告别时一般客方先伸手握别，其意在于表达“再见”或对接待的感激之情，作为主人则不宜主动伸手，以免有催促客人之嫌。

(5) 社交场合先至者与后来者握手，一般由先至者先伸出手。

(二) 商务、公务场合主要取决于职位、身份

在商务、公务场合，握手的先后顺序主要取决于职位、身份，职位高者先伸手。

二、握手的要领

握手时，距离适当，上身稍向前倾，两脚立正，伸出右手，四指并拢，虎口相交，掌心相握。一般时间为 3~4 秒，力量适度。当然，不同场合、面对不同的交往对象，握手的礼节要也要灵活应用。

三、握手的场合

(1) 遇到较长时间没见面的亲朋好友时；

(2) 拜访(或接待)他人见面与辞行时(送行)；

(3) 被介绍给不相识的人时；

(4) 得到他人的支持、鼓励或帮助时；

(5) 对他人表示感谢、恭喜、祝贺时；

(6) 对他人表示理解、支持、安慰、肯定时；

(7) 向别人赠送礼品或颁发奖品时。

四、握手的禁忌

行握手礼时应合乎礼规，避免下述失礼的禁忌。

(1) 不要用左手相握；

(2) 避免两人握手时与另外两人相握的手形成交叉状；

(3) 握手时不宜戴着手套、墨镜(女士在社交舞会等场合戴着薄纱手套除外)，以免被视为失礼；

(4) 握手时另外一只手不宜插在衣袋里；

(5) 握手时不宜面无表情、不置一词或长篇大论、点头哈腰或过分客套。

实务训练

一、通过网络或微信平台搜索观看北京APEC会议水立方晚宴开始,国家领导人夫妇欢迎各国领导人的场景,观察欢迎场景中用的各种握手方式并归纳总结握手礼的仪态与内涵。

二、通过学习,本单元引擎中的问题您一定解决了吧。

1. 结合实际生活和工作,分组讨论设计符合下列不同场景下握手礼的情景模拟脚本;

2. 根据设计的脚本完成实务训练。

单元测试

1. 握手的顺序,一般遵循____________先伸手的原则。

2. 在公司的晚会上,王先生遇到了一位女客户林女士,于是伸出双手高兴地迎上前跟林女士用力握手,表示欢迎。您认为王先生是否失礼?

3. 握手的禁忌主要有哪些?

4. 在客人前来拜访时,________应先向________伸出手,用以表示欢迎。

单元 6　名　　片

单元引擎

名片虽小，空间乃大，
它是社交的备忘录。
名片虽小，内涵乃深，
它是友情的记忆板。
名片虽小，运用乃广，
彰显的是个性魅力、文化精神。
一张小小的名片在向我们传递着什么？

通过本单元的学习，学习者能够掌握名片的设计要素，学会策划体现个人或公司特点的富有特色的名片；并能正确规范地使用名片，以免在社交场合和商务活动中失礼。

知书达“礼”

随着社会的发展，名片已成为私人社交或公务交往中的一个重要工具。在社交场合，名片是自我介绍的简便方式，是一个人身份的象征，是人们进行社会和商务活动的“介绍信”和“联谊卡”。

【扫描二维码进行拓展学习】

一、名片的起源

中国名片最早出现于战国时期，被称作“谒(yè)”。东汉末年，人们活动日趋平凡，竹片、木片被纸代替，名片的称谓由“谒”变成“刺(là)”；到了唐朝，科举盛行，称谓演变为“门状”；明朝演变为 “名帖”。

我国名片规格通常为 9 厘米×5.5 厘米，此外还有两种常用规格为 10 厘米长、6 厘米宽(多为境外人士使用)，或 8 厘米长、4.5 厘米宽(一般为女士专用)。

制作名片的材质多种多样，常用的有布纹纸、白卡纸、合成纸、皮纹纸，等等。

二、名片的分类

名片的分类方式很多，一般按名片用途可分为以下几种。

（一）社交名片

一般只印姓名+联络方式（地址、邮政编码、电话号码）。

（二）公务名片

在政府、公司、学术等业务交往时使用的个人名片，它需要提供较为丰富的资讯，一般不提供私人电话；头衔宜少而精。

公务名片主要包含三个内容。

（1）归属单位。包括单位名称、所在部门、企业标志。

（2）本人称呼。包括自己姓名、职务、学术性（技术性）头衔。

（3）联络方式。包括单位地址、办公电话、邮编。

（三）企业名片

正面与公务名片相同，但还在背面印上单位经营项目等。

三、名片基本礼仪

（一）递送名片

在社交场合，名片是自我介绍的简便方式。递送时应遵守下列一般规范：

（1）名片的递送应选择恰当的时机，一般应在介绍之后；尚未弄清对方身份时不急于递送名片。

（2）递送名片时，应起身站立，面带微笑，眼睛友好地注视对方，双手将名片正面朝向对方送上。若是外宾，最好将印有英文的一面朝上，以示尊重。

（3）与多人交换名片时，应依照职位高低或由近及远的顺序依次进行，切勿跳跃式地进行，以免使人有厚此薄彼之感。

（二）接受名片

（1）接受他人名片时应态度谦恭、起身站立、面带微笑、目视对方。

（2）双手接过他人名片，同时上身微前倾、点头致意并表示感谢。

(3) 接过名片后，应认真阅读，以示尊重，然后回敬一张本人的名片，如未带名片，则应向对方表示歉意。

(三) 名片礼忌

(1) 涂改、损污的名片不宜使用。

(2) 名片上，职务、头衔一般不超过两项，过多则有炫耀之嫌。

(3) 不宜把名片像传单一样随便散发。

(4) 不要随意把玩他人的名片。

实务训练

一、某地召开全国糖酒展销会，SD公司梅总见到久闻大名的某集团吴董事长。晚餐会上，梅总主动上前做自我介绍，并递给对方一张名片。吴董事长接过名片马虎地看一眼，就放在桌子上，继续用餐。

1. 运用所学礼仪知识分析点评，梅总和吴董事长的做法是否妥当？为什么？

2. 结合案例进行小组讨论：名片在当今商业交往中的重要作用。

二、回顾本单元内容，完成下列实务训练：

1. 简述公务名片上应有哪些元素。

2. 为自己设计一款公务名片。

单元测试

1. 社交名片上应有哪些元素？

2. 我国现代名片规格通常为________________。

3. 简述接受名片的礼仪。

4. 名片按用途一般主要分为__________、__________、__________。

单元7　接待与拜访

单元引擎

李白乘舟将欲行，
忽闻岸上踏歌声。
桃花潭水深千尺，
不及汪伦送我情。

古人这首诗描述了什么礼仪场景，表达了怎样的礼仪内涵？

通过本单元的学习，学习者能够掌握社交和商务活动中接待与拜访的一般礼仪通则；熟练掌握接待与拜访的一般流程和基本操作，以避免在接待和拜访活动中失礼失仪。

知书达“礼”

一、接待

我国素有“宾至如归”“出迎三步，身送七步”等迎送宾客之礼。无论是单位还是个人在接待来访者时，都希望客人乘兴而来，满意而归。在接待过程中一定要遵循平等、热情、礼貌、友善的原则。接待一般有家庭接待和公务（商务）接待，本单元主要介绍公务（商务）接待的一般礼仪。

（一）接待前的准备

1．确定接待标准

接到来访预约时，应充分做好接待准备，了解来宾基本情况，如来宾职务、来访日程、随员人数、目的和要求等；在此基础上拟订接待计划，排出日程安排表，确定具体的接待规格和标准。

2．确定人员与地点

根据来宾情况按计划通知参加会晤的人员，落实会晤时间及场所。

3．来访人员吃、住、行的安排

来访人员吃、住、行由负责接待的部门统一协调安排。根据来宾情况安排接待所需车辆，保证车辆清洁及安全性能；提前按接待标准预订宴请来宾的酒店；需住宿的宾客提前按接待标准预订下榻酒店并根据情况提前为客人订购车票及机票。

4．会场与布置

根据会议需要布置会场，如花卉、水果、茶水、多媒体设备、席卡、横幅、欢迎牌、指示牌、礼仪人员及安排现场摄影、摄像等。

（二）接待中礼节

(1) 仪表：面容清洁，衣着得体。

(2) 举止：稳重端庄，从容大方。

(3) 言语：语气温和，礼貌文雅。

(4) 态度：诚恳热情，不卑不亢。

(5) 迎接来宾时：要注意把握迎候时间，提前到单位门口或车站、机场迎接，接待人员引见主宾时，要注意顺序。

(6) 接受名片时：以恭敬的态度双手接受，郑重收入名片夹或上衣口袋中。

(7) 奉茶：待客时，上茶应在主客正式交谈之前。上茶应讲究先后顺序，一般应为：先客后主；先长后幼。上茶时不宜单手，切勿让手指碰到杯口。斟茶通常不宜斟得过满，以杯深的2/3处为宜。把握好续水时机，以不妨碍宾客交谈为佳，不能等到茶杯见底后再续水。

(8) 礼貌送客：客人告辞时，主人应婉言相留，客人起身告辞时，主人再站起来相送。若送至单位或公司门口、汽车旁，与客人说“再见”或“欢迎下次再来”，挥手待客人远至视线之外，方可离开；若送到车站、机场或码头，则应等客人进入等候大厅至视线之外再离开较为妥当。

二、拜访

（一）预约

无论是走亲访友还是到单位公务，一定要事先预约，以免突然造访给别人带来麻烦。预约一般采取电话预约和电子邮件或信函等方式，约定宾主双方都认为比较合适的会面地点和时间，并把访问的意图告知对方。如因事情紧急或无法预约而做了不速之客，则应在相见时详细说明事情的原委，表达自己的歉意。

预约应以不干扰对方的正常工作和生活为原则。一般来说，公务性拜访不宜安排在周一上午、周五下午和每天上下班前后一小时的时间段。另外，预约的语言、口气应该是友好、请求、商量式的，如"您什么时候比较方便""下个礼拜来拜访您是否方便"等，不宜强求或强人所难。

（二）拜访前准备

拜访者在拜访之前，要明确拜访目标，准备名片及相应的资料，选择合适的礼品，熟悉交通路况等。

拜访者应根据访问的对象和目的不同，选择得体的着装和妆容，以形象地反映出你对被访者的尊重。

如拜访的地点设在对方的办公区域，则可着商务正装或自己所在单位制服，既代表了单位的形象，又传递出"你很重视这次拜访"的友好信息。

（三）拜访礼节

（1）拜访时，应注意举止文雅，谈吐得体，不做粗俗之客。

不管家庭拜访还是公务拜访，事先都要敲门或按门铃，等候主人示意请进或出来迎接方可进门，即使门原就开着，也应礼貌地敲门等候对方示意，切忌直接进入以免给对方留下失礼的印象。

主人招呼入座时，应注意坐姿庄重得体；主人斟茶敬茶时，应起身双手捧接，并表示感谢。

古人云："入其家者避其讳。"一般家庭拜访时，不宜擅入主人的卧室、书房；交谈时态度诚恳自然，不宜随便打断他人谈话或谈及主人扫兴之事；对于双方分歧较大的问题或被访者有不耐烦或为难的表现时，应适可而止或适时转换话题；拜访时不宜不停接打手机，以免引起主人反感。

(2) 注意适时告辞，不做难辞之客。拜访前要明确拜访目的，以免拜访时海阔天空地跑“马拉松”，浪费他人时间。注意把握会谈时间，若无要事相商，拜访时间不宜过长、过晚，顺访一般不超过30分钟，专访一般不超过一个小时。注意主人谈话内容、情绪和环境的变化，如果主人谈兴正浓，可以适当延长，反之则适时结束拜访。告辞时，向主人表示“打扰”之歉意，并感谢主人的热情款待，主动伸手与主人握别，请主人留步，再回首挥手致意说“再见”。有意邀主人回访时，可在同主人握别时提出邀请。

实务训练

一、阅读下列背景材料，完成实务训练。

乔林因业务关系去拜访某公司经理，上午9点他着职业装如约到达经理办公室……

在谈完业务之后，乔林很放松地和经理聊起了家常。他滔滔不绝地聊着，突然发现经理看了一下表，并变换了坐姿。乔林意识到自己过多地占用了经理的时间，便很快结束了自己的话题，起身告辞，随手摆好凳子，拿走自己的水杯。

出来后乔林有些懊恼，感觉自己很失礼。

1．分组讨论：乔林在拜访中的行为哪些是合礼的哪些是失礼的？

2．结合本单元内容，设计一幕拜访情景剧脚本，并分角色模拟拜访过程，要求言行符合规范；时间控制在15分钟左右。

二、你的老同学乔林假期从北方来上海预约到你家拜访叙旧……

1．讨论:外地同学来访,接待应从哪些方面着手准备并写出接待流程。

2．结合案例设计一幕接待情景剧脚本，并分角色进行接待情景模拟,要求言行符合规范;时间控制在15分钟左右。

单元测试

1．公务性拜访在预约时间上应注意什么?

2．拜访时间不宜过长,顺访一般不超过_____分钟,专访一般不超过_______。

3．拜访预约的关键是什么?

4．接待外国客人时，为增进了解您可选择客人所在国家的政治热点为话题,这种做法是否妥当?

本篇综合实务训练

一、阅读下列情景剧本,完成综合实务训练。

【情景剧:A公司造访B公司(两个场景)】

角色饰演:

A公司副董:谷总

采购经理:向经理

业务主管:宋主管

B公司副董:夏总

业务经理:李经理

业务主管:董主管

剧本说明:我们以接待礼仪为内容,编排了这场情景剧,涵盖了介绍礼、握手礼、引导礼、电梯礼等内容,以参与式教学形式,表现出社交礼仪在商务活动中的重要性。

旁白:A公司是一家知名汽车制造商,B公司是汽车玻璃生产商。此次A公司前来B公司接洽参观活动。

【场景一:接待与参观】

(B公司人员在B公司门口迎接A公司一行人)

夏总:谷总,您好,一路辛苦了!(主动伸手)

谷总:夏总好!(握手)

夏总:这是我们李经理。(做介绍手势)

谷总:你好!(主动伸手)

李经理:谷总好!(握手)

夏总:这是我们董主管。(做介绍手势)

谷总:你好!(主动伸手)

董主管:谷总好!(握手)

谷总:夏总,这是我们公司的向经理和宋主管。

(夏总分别和向经理、宋主管握手问好。)

夏总:各位请进公司。(做引导手势,其余人随后。)

这是我们公司生产线车间,让董主管为您介绍一下。(做手势示意董主管)

董主管:这是我们公司产品资料,请各位参考。(将文件夹里的资料按职位从高到低分发给A公司人员，A公司人员各自道谢。)请大家随我来。我公司产品以夹层钢化玻璃为主,夹层玻璃是用一种透明可黏合的塑料贴在二三层之间。钢化主要增强玻璃的强度,这样一来,塑料的韧性与玻璃的坚硬就结合在了一起。我公司汽车玻璃主要有以下特点:耐热,耐寒,耐光,耐湿,安全性能好……具体情况就是这些。

(董主管以引导势做介绍,期间夏总与谷总就某一设备小声交谈,并不时与董主管眼神交流,其余人随后。)

夏总:谷总,贵公司对于我公司还有其他情况要了解的吗?

谷总:向经理,你有什么问题吗?(回头转向向经理)

向经理:我公司近期有扩大规模的计划,不知到时贵公司的供应量能否跟得上?

李经理:对于这个问题,贵公司尽可放心，我们正在筹建一条新的生产线,资金已经到位,设备供应商正在选取中;预期于明年5月1日前投入生产，预计成品年生产量310重量箱,想必能满足贵公司的生产需求。

谷总:宋主管，你呢？感觉如何?

宋主管:呃……就目前来说还没什么问题。

谷总:贵公司整体情况我们很满意,具体需要,我们回去商议一下。

夏总:我们真诚希望能有机会与贵公司合作。参观了这么久,辛苦谷总了,先送您去酒店稍事休息再谈，好吗?

谷总:好的,谢谢!

【场景二:电梯间】

(董主管先行一步,前去接电梯,谷总与夏总其次,其余人随后。)

董主管:请进!(鞠躬做邀请姿势)

夏总:谷总,请!(做引导势)

谷总:谢谢!(先行进电梯,夏总随后,其余均顺序进入。)

旁白:十五楼到!

夏总:谷总,请!(做引导势)

谷总:谢谢！（先出电梯，夏总其次，其余人顺次出)

【剧终】

1. 阅读以上情景剧,列出其中包含的礼仪元素:

2. 分组模拟情景剧全过程。

建议将模拟过程拍摄微视频，回放、观摩、点评。

3. 结合生活工作场景，编写一幕包含5个以上社交礼仪元素的情景剧脚本。

二、回顾本篇内容(介绍、问候、握手等基本礼仪元素),完成下列实务训练。

1. 要求:将接待礼仪元素组合,结合生活与工作场景，编排角色模拟，分组模拟演示。

建议将过程拍摄照片或微视频，回放并进行点评。

2. 结果分析。

元素	评估内容	分值	自评	组评
握手	动作准确自然大方	10		
	注意礼仪规范	10		
鞠躬	鞠躬礼动作规范	10		
	微笑语言眼神的和谐	10		
介绍	仪态端正,手势正确	10		
	次序原则运用准确	10		
递、接物	递、接动作准确	10		
	注重礼仪规范	10		
综合	以上元素的综合运用	20		
合计		100		
最后得分(平均)				

综合得分	综合能力评估
综合得分≥85	已具较熟练的见面礼仪操作能力
70≤综合得分<85	具备见面礼仪操作的能力
60≤综合得分<70	具备见面礼仪操作的基本能力
综合得分<60	还要多加练习和运用

第三篇
生活礼仪

生活中的礼仪是人际交往中表示尊重友好的基本行为规范和方式，体现人们在交往过程中的涵养、素质和交际能力。本篇内容包含家庭、出行、公共场所、涉外与馈赠等礼仪礼俗。通过本篇的学习，学习者能够认知日常生活环境中基本礼仪元素，灵活应用各种场合礼仪通则。

单元8　家　　礼

单元引擎

上面四幅图是四个家喻户晓的孝亲的故事。请说出对应的人物和成语。

通过对本单元的学习，学习者能够学会感恩、宽容，灵活运用家庭礼仪规范，使家庭成员生活更加和睦，邻里关系更加和谐。

知书达“礼”

所谓家庭礼仪，就是人们在长期的家庭生活中，用以沟通思想、交流信息、联络感情而逐渐形成的约定俗成的行为准则和礼节、仪式的总称。

俗话说，家和万事兴。“父子和而家不败，兄弟和而家不分，乡党和而争讼息，夫妇和而家道兴”，可见“和”是关键。这个“和”用今天的话来解释，也就是相互谦恭有礼的意思。

大至国家之强盛、社会之祥和，小至个人生活之幸福、事业之兴旺、身体之健康，均有赖和谐的家庭为基础。家庭礼仪调节家庭关系达成和谐，有助于社会安定、国家发展。

一、家庭成员之礼

（一）与父母相处之礼——孝

“夫孝，德之本也，教之所由生也”。百善孝为先，孝敬长辈，是中华民族为世人称道的千古美德。

对父母的养育之恩以“反哺”相报，乃是做儿女的天职。孝敬父母不仅指物质上、生活上的扶助和照料，还包括精神上的慰藉。

树欲静而风不止，子欲养而亲不待。孝心会让我们的家成为温馨的港湾。父母陪伴我们长大，我们要陪伴父母有尊严地慢慢变老。

（二）与子女相处之礼——慈

在中国文化中强调父慈子孝。父母在和子女的相处中怎样彰显慈爱之心呢？

（1）身教重于言教。父母的言行举止对子女潜移默化的作用是巨大的。父母是孩子的第一任老师，父母的文化素养、性格，是子女成长过程中的重要影响因素。父母不宜在孩子面前争吵，更不能对孩子撒谎；对孩子提出的问题不敷衍；对孩子的朋友以礼相待，体现对孩子应有的尊重。

（2）“慈”不等于溺爱。有些父母进入爱孩子的误区，“慈爱”变成了溺爱，使孩子变得自私、任性、没有责任感甚至走入歧途。

（3）创造良好的家庭环境。进入信息化社会，人们的生活节奏越来越快，家长只关心子女的衣食住行是远远不够的，要帮助孩子养成良好的习惯，知礼仪懂规矩，创造较温馨的家庭生活氛围，树立优良家风，正所谓“忠厚传家永，诗书继世长”。

（三）夫妻之礼——敬

家之本在夫妇，夫妻关系的好坏，常常是生活幸福与否的关键。夫妻朝夕相处，难免熟而忘礼。最难得一个敬字，要恰到好处地保持一份尊重，讲究夫妻相处礼仪。中国自古就有“相敬如宾”“举案齐眉”的夫妻相处之道，现代人也总结出夫妻相处的宝贵经验——“八互”，即互敬、互爱、互学、互助、互让、互谅、互慰、互勉，值得每个家庭借鉴。

二、邻里相处之礼

俗话说：“远亲不如近邻。”不论大家从事什么工作、职位高低，在人格和法律面前都是平等的。生活在一个共同的空间中，

邻里相处十忌

一忌恶语伤人　动手打人
二忌背后议论　嫉妒他人
三忌轻信纵容　偏袒子女
四忌见难不救　幸灾乐祸
五忌家庭建筑　妨碍他人
六忌放养禽畜　有碍卫生
七忌不顾场地　栽树种花
八忌谈笑逗趣　不讲分寸
九忌经济往来　账目不清
十忌得理不让　不听劝解

大家应彼此尊重，应讲究社会公德，维护环境卫生，合理使用公共空间和公共设施；从真诚出发，讲究邻里之间相处的礼仪规范，创建友好的邻里关系，使家庭生活更温馨，邻里环境更和谐。

实务训练

一、阅读下列背景资料，完成实务训练。

一纸书来只为墙，让他三尺又何妨。

长城万里今犹在，不见当年秦始皇。

1．请查阅六尺巷的由来。

2．结合实际分组讨论现代邻里相处艺术。

二、阅读下列材料，完成问卷选择。

1．问题描述：

第1题：他很爱她。

她细细的瓜子脸，弯弯的蛾眉，面色白皙，美丽动人。可是有一天，她不幸遇上了车祸，痊愈后，脸上留下几道大大的丑陋疤痕。你觉得，他会一如既往地爱她吗？

A．他一定会

B．他一定不会

C．他可能会

第2题：她很爱他。

他是商界的精英，儒雅沉稳，敢打敢拼。忽然有一天，他破产了。你觉得，她还会像以前一样爱他吗？

A．她一定会

B．她一定不会

C．她可能会

这个世界上，有一种爱，亘古绵长，无私无求，不因季节更替，不因名利浮沉，这就是父母的爱！

2．您的选择是：

第1道题__________；第2道题__________。

3．做出上述选择时，您认为男女主人公之间是什么关系？

4．现在，我们来假设一下，如果第1题中的“他”是“她”的父亲，第2题中的“她”是“他”的母亲。那么您的选择是：

第1道题__________；第2道题__________。

5．比较两次选择的答案，谈谈您的感悟并完成下列各项：

(1) 您记得父母的生日和他们的结婚纪念日吗？

(2) 您在这些日子里是否向父母表达过爱和感恩呢？

A．经常　　B．有时想起

C．不好意思　　D．太忙，经常忘记

(3) 向父母表达您的爱与关心，不在父母身边的读者请打电话(或发短信)问候您的父母。

单元测试

1．家庭礼仪包含(　　)相处的礼仪。

A．父母与子女　　B．邻里之间

C．兄弟姐妹之间　　D．同事之间

2．邻里关系最基本的礼仪是(　　)。

A．彼此尊重　　B．亲密无间

C．互相关照　　D．关心隐私

3．为了关心孩子成长，父母可以通过看子女的日记、书信来了解子女的情况。(　　)

A．错误　　B．正确

单元9　出　　行

单元引擎

ST公司老总艾玛带秘书瑞莎去机场接一位重要客人吴总和助理来公司洽谈，若由秘书瑞莎开车前去迎接，该如何安排座次？

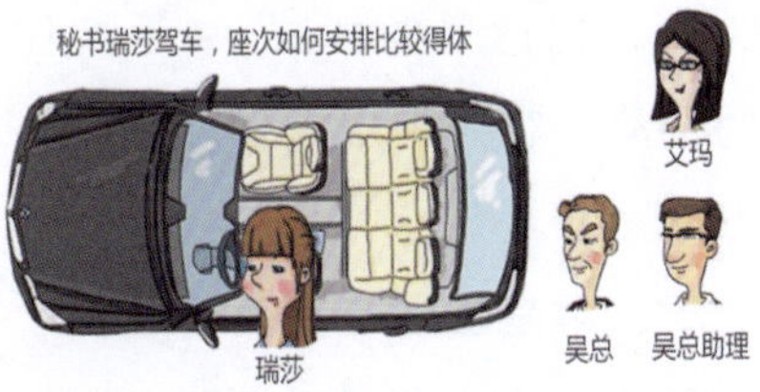

通过本单元的学习，学习者能够掌握在日常社会交往和出行中行走、乘坐公用电梯及交通工具的礼俗礼规，让您的出行更愉快；掌握正确操作电梯和交通工具的秩序礼仪规范。

知书达“礼”

一、行走基本礼仪

道路是最基本的公众场所，能不能自觉地讲究行路公德，尤其能反映一个人的道德水准的高低。

要注意遵守交通规则，保持道路卫生，礼貌待人，问候、交谈不要妨碍交通。

行走六大禁忌：

(1) 忌与他人相距过近，避免发生肢体碰撞。

(2) 忌尾随他人之身后，甚至对其窥视或指指点点。

(3) 忌走路速度忽快忽慢，对周围人造成影响。

(4) 忌在私人居所附近观望，甚至闯入私宅或私有的草坪。

(5) 忌一边走路，一边吃喝。

(6) 忌与成年同性行走时勾肩搭背。

二、乘坐公共电梯基本礼仪

(1) 到电梯厅门前:先按电梯呼梯按钮。

(2) 轿厢到达厅门打开时:可先行进入电梯,一手按"开门"按钮,另一手按住电梯侧门,请客人或长辈进入电梯轿厢。

(3) 进入电梯后,按下客人或长辈要去的楼层按钮。若电梯行进间有其他人员进入,可主动询问要去几楼,帮忙按下。电梯内视具体状况决定是否寒暄。

(4) 到达目的楼层:一手按住"开门"按钮,另一手做出请先的手势。客人走出电梯后,立刻步出电梯跟上,并热忱引导行进方向。

三、乘坐交通工具基本礼仪

现代社会人们的生活节奏越来越快,要求的效率也越来越高,人们每天与各种各样的交通工具打交道。交通工具使人们在很短的时间内即可到达亲戚朋友的居家地点、旅游胜地甚至是异国他乡。在乘坐交通工具时,人们与陌生人同行,讲究出行礼仪尤为重要。

(一) 乘坐常见的双排轿车的次序

如果是驾驶员开车,车上最尊贵的座位是后排右座。其余座位的尊卑次序是:后排左座、前排右座。简而言之,即是右为上、左为下、后为上、前为下。若是主人亲自开车,那么司机旁边的座位则是尊位。

具体说来,轿车座次的尊卑主要取决于三个因素。

1. 驾驶者

驾驶轿车的人一般是轿车主人,或者是专职司机。国内目前所见的轿车多为双排座与三排座。

驾驶者	座次安排
主人驾车	一般来说副驾驶座为上,后排以右尊左卑为原则。
专职司机驾车(或出租车)	一般来说后排为上,副驾为下。后排以右尊左卑为原则。

2. 嘉宾本人意愿

通常,在正式场合乘坐轿车时,应请尊长、女士、来宾就座于上座，这是给予对方的一种礼遇，但要注意尊重嘉宾本人对轿车座次的选择，不宜轻率对其做出纠正。

3．乘车细节

倘若女士裙子太短或太紧不宜先上车，此时男士不必过分谦让。女士上轿车得体的方法是：先背对车座，轻轻坐在座位上，合并双脚收进车内；不宜跨上跨下，以免不雅。

（二）乘坐飞机礼仪

1．走进机场

（1）提前到达机场。

乘坐飞机应按航空公司要求提前到达机场，留出充足的时间以便办理登机前手续。

（2）妥当处置行李。

扫描右侧二维码了解东方航空公司旅客须知了解相关行李的规则。

【扫码查看东方航空公司旅客须知】

（3）出示登机卡。

乘坐飞机前要取登机卡。登机卡应在候机室和登机时出示。领取登机卡后，乘客要通过安全检查门。过安检门时需将电脑、手机等物品取出单独放置，手提行李放入传送带。乘客通过安检门后，注意将有效证件、机票收好以免遗失，持登记卡进入候机室等待。

2．走上飞机

登机后听从机组乘务员引领，按秩序对号入座，将随身物品放在座位上方的行李箱内，不要在过道上停留太久以免影响其他人。

飞机起飞前，按乘务员示范了解安全带和氧气面具的使用方法，系好安全带；飞机上禁止抽烟；电子设备调至飞行模式；调整座椅时不要突然放下、推回或跷腿摇摆颤动，以免影响周边乘客，引起他人的反感。

飞机上使用盥洗室和卫生间，要注意按次序等候，保持其清洁。如需服务可打开呼唤信号，求得乘务员的帮助。

上、下飞机时，机组乘务员会站立在舱口迎送乘客，乘客应有礼貌地致意或问好。

3. 停机之后

停机后，带好随身携带的物品，按次序出舱，不宜争抢。如一时找不到自己的行李，可通过机场管理人员查询。

(三) 乘坐高铁礼仪

【扫码查看铁路服务中心高铁旅行服务提示】

乘高铁出行，可在网上或站台提前购票，文明乘车，上车后按秩序对号入座，注意行为礼仪，使用电子设备时不要影响到其他的乘客；高铁一般在站台停靠时间短，即将到站时应带好随身物品及行李，提前做好下车准备。高铁一般全程禁烟，不能在车厢的任何部位抽烟。

扫描二维码查看铁路客服中心高铁旅行服务提示与文明乘车小视频。

注意：

1.不要在船头挥动丝巾或晚上摇动手电，以免引起误会；

2. 了解船上的禁忌，如不要谈及翻船、撞船之类的话题。

(四) 乘坐客轮礼仪

轮船是水上交通的现代化工具，跨越江河湖海，尤其是旅游观光时，乘坐轮船往往不失为浪漫的选择。乘坐轮船旅行时，既要遵守乘坐轮船的相关规则，又要了解相关礼仪规范，开启顺利的旅程。

乘客搭乘客轮时，应尊重船员人格，感谢船员服务，配合船员工作，听从船员管理。

理解他人，尊重他人，才能令旅途更加舒心愉快。

(五) 乘坐公交车礼仪

乘公共交通车辆时，要自觉遵守交通秩序，先下后上，同时照顾老、弱、病、残、孕群体。

上车主动投币购票或刷公交卡，切不可因逃票而失去人格与尊严。

实务训练

一、经过本单元的学习，您一定加深了对座次礼仪的了解，请完成下列实务训练。

1．本单元引擎中的案例，应如何安排座次？

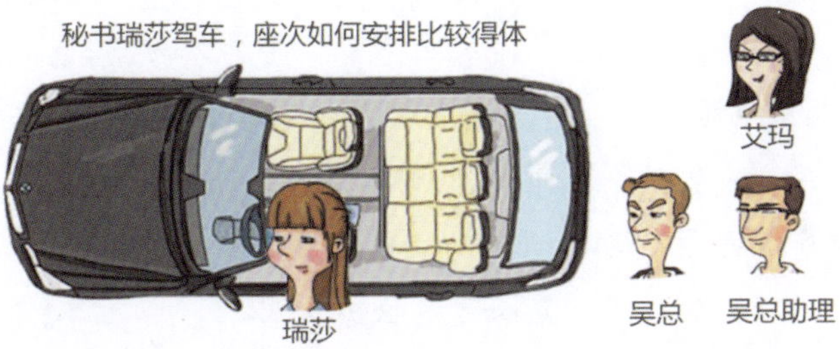

2．若换成是公司总经理艾玛驾车，又应如何安排座次？

二、以陪同客人乘厢式电梯为背景进行模拟实务训练活动。

1．分组模拟引领客人进入无人厢式电梯礼仪规范，体会操作要领。

2．分组模拟引领客人进入有专人操作的厢式电梯的礼仪规范，体会操作要领。

单元测试

1．当您引领客人乘坐轿厢式无人电梯时您应当________进________出。

2. 当主人或领导驾车接待客人时,上座为________。

3. 当专职驾驶员驾车或乘坐出租车时,上座为________。

4. 乘坐飞机时,应自律文明乘机。下列行为中,(　　)是不符合礼仪规范的。

A. 感谢乘务人员的服务

B. 使用关闭Wi-Fi功能的电子设备

C. 跟空姐开玩笑以营造轻松气氛

D. 谈笑风生以表达对其他乘客热情

单元10　公共场所

单元引擎

请打开互联网，搜索收看或收听《新概念英语》第二册中《私人谈话》一课，该文叙述了一个关于在公共场所电影院中看电影的幽默故事。

这个故事包含了哪些礼仪元素，具有怎样的现实意义？

罗素曾说："没有公德，社会就会灭亡；没有个人道德，人类的生存也就失去了价值。"孔子也曾说过："不学礼，无以立。"那么就让我们从排队做起，从身边的小事做起，自觉遵守公共秩序，将中华民族礼仪之邦的美德传扬天下，这不仅是个人修养和社会公德的集中体现，也尊重了他人、尊重了自己，更有助于维护国家的形象、促进社会的和谐与进步。

通过本单元的学习，学习者能够掌握生活环境常见公共场所中的一般礼仪常识，以避免在公共场所失礼失仪。

知书达"礼"

特定公共场所礼仪是指具体某一场所或场合所需要遵守的礼仪规范。在这些特定公共场所，我们需要根据不同的情境遵守不同的规范。

一、图书馆行为礼仪

图书馆、阅览室是公共的学习场所，大家应自觉遵守有关礼仪。

(一) 保持安静和整洁

进门入座时动作要轻,走动时脚步要轻,不要高声谈话,碰到熟人可点头致意,如要交谈,应离开阅览室找一个不影响他人的地方,不可在室内谈笑。不要吃有声或带有果壳的食物,以免影响他人。不要为他人抢占座位,不要在座位上躺卧,更不宜在阅览室吸烟。

(二) 爱护书刊

图书馆的书刊资料属于公共财产, 不要在图书上随意圈点、涂抹、折面,或是把自己需要的资料图片撕下来。图书馆一般都备有复印、照相等业务,若需要可与工作人员联系。

二、影剧院、音乐厅行为礼仪

根据演出的规格,需穿着不同的服装。比如观看歌剧、话剧演出和听音乐会,应做到仪表整洁得体,男士穿着西装或礼服,女士也应着正规套装或礼服。

(一) 演出开始前

观看演出应把握好时间,应提前入场,不宜迟到。如果有事迟到了,最好在幕间休息时入场。如果是看电影尽可能地放轻脚步悄然入场,通过让座者时应与之正面相对,切勿让自己的臀部正对着他人,同时向被打扰的观众轻声致歉,对起身礼让的观众致谢。入座后,不应左右晃动,影响他人的视线。

在观看文艺演出前, 最好能抽空了解一下节目的有关内容,以便准确地欣赏节目。

观看演出应自觉遵守剧场规则。若是专场演出,一般由普通观众先入场,嘉宾在开幕前由主人陪同入场,此时,其他观众应有礼貌地起立鼓掌表示欢迎。

(二) 演出开始后

演出开始,应将手机调为静音或关闭;如有规定不能摄影,则应按要求文明观看;观看演出期间,不宜吸烟和吃东西;与恋人一起观看影剧时,不宜过分亲昵。

对于演出中出现一些故障或特殊情况, 应采取谅解的态度,不应喧闹、怪叫、喝倒彩。

演出尚未结束,若有急事中途退场,应轻声离座,并尽可能地利用幕间退出；否则既影响别人观赏，也是对演员的不尊重。演出快结束时，不能抢先出场而离座，应在演出结束后退场。

（三）演出结束后

演出结束后，观众应起立向演员热烈鼓掌，对他们的精彩演出表示感谢。在演员谢幕前便匆忙离去是对演员不礼貌的行为。如有贵宾在场，一般应待贵宾退席后再有秩序地离开。

在离去过程中，按照秩序退场，不应推搡或者乱挤乱拥，以免造成踩踏事故。

三、参加舞会基本礼仪

舞会多以交际为主，是现代社会中一种高雅而又重要的社交活动。

参加舞会时，应注意以下要点。

（一）仪容仪表和举止文明

（1）参加舞会讲究服饰华美、典雅大方。

（2）参加舞会前不宜吃葱、蒜等有强烈刺激气味的食品，不喝烈性酒，或大汗淋漓、疲惫不堪地进入舞场；感冒等传染疾病患者不宜进入舞场。

（3）遵守舞场秩序，不吸烟、不随意喧哗，杜绝不文明行为。

（二）舞会上讲规矩，懂礼貌，尊重舞伴

在舞会上，男士有邀请任何女士共舞的权利，可以礼貌地发出“可以请您共舞一曲吗？”等邀请；邀舞时应自然、大方、彬彬有礼，双脚立正，面带微笑地行点头礼，右手或左手掌心向上，向舞池中央自然前伸：“请！”一般情况下，女士应愉快地接受对方的邀请，一曲终了，方可停舞，男士应把舞伴送至席位，并致谢意，女舞伴则应点头还礼；女士如果不愿与某位先生共舞时，可婉言谢绝对方。

在正式场合上邀请舞伴，不能单凭个人好恶，还须兼顾社交。一般情况下，男士应主动有礼貌地邀请女士跳舞，如果是上下级的关系，不论男女，下级都应主动邀请上级跳舞。

（三）跳舞时舞姿端庄，把握好与女伴跳舞的分寸

跳舞时舞姿应端庄，身体应保持平、直、正、稳，切忌轻浮鲁

莽;男士动作轻柔儒雅,谦和而有分寸,不应因动作不当引起别人反感;不宜将女士拢得太紧;不宜把女士的手捏得太紧或把整个掌心贴在女士腰上; 女士不宜双手套在男士的脖子上,更不宜把头部俯靠在对方肩上。

跳舞时不小心触碰舞伴的脚部或冲撞别人,应有礼貌地向对方致歉。

四、体育赛场行为礼仪

(一) 参赛者

参赛者应严格遵守体育比赛的有关规定,自觉遵守赛场秩序,不做违背体育道德的事。

尊重、服从裁判,即使裁判有误,也应按相关程序反映,不宜在赛场发生争吵。无论输赢,都把比赛对手当成朋友;善待热心观众;支持记者工作。

(二) 观众

观众应自觉遵守赛场秩序,文明观赛,为运动员加油助威的标语口号内容健康;对本方的运动员和对方运动员的精彩表演都应掌声鼓励。

禁忌下列不良行为:偏袒起哄,使用不文明的语言和手势;对运动员在比赛中的失误,言行粗鲁,喝倒彩或发"嘘"声;向运动员投掷物品等。

五、公共娱乐场所行为礼仪

公共娱乐场所主要包括公园、广场等,是属于人群比较密集的场所,因此在公共场所活动时应讲究社会公德,遵守有关公共娱乐场所礼仪,主要包括以下方面。

(一) 妆容

一般公共娱乐场所的着装可以休闲装为主, 如牛仔服、运动服、夹克衫、戴太阳镜等。在化妆和配饰方面应当以淡妆、简单为主。

(二) 文明礼貌

在参加娱乐活动时,应服从工作人员的管理,讲究秩序,不应一拥而上,给工作人员增添麻烦。

拍照、摄像按先后次序进行,不要争路先行或争抢拍照景点，对文物建筑等有不准拍照或不宜使用闪光灯的规定时，应自觉遵守。如需他人帮忙合影时，应礼貌地提出请求并表示感谢。

在公园进行练声、跳舞等活动时，应尽量避免干扰其他人。

（三）爱护公共设施

爱护公共设施，不宜乱写、乱刻，爱护树木花草，不宜随意攀爬、肆意践踏破坏。

公园和其他一些旅游景点所设置的椅凳，不宜一个人长时间占用。儿童游艺场设施专为儿童设计，成年人不宜玩耍以防损坏。

（四）保护环境卫生

不随意扔垃圾，引导儿童大、小便进卫生间，带宠物出行应及时处理宠物粪便以免污染环境。

（五）排队基本礼仪

排队是一个民族文明程度最明显的表现之一。排队在很多情况下是效率较高的解决问题的方式之一。

俗话说：没有规矩，不成方圆。我们在车站、机场、医院、影剧院等公共场所，都要增强秩序观念，主动排队。是否自觉排队，也能从侧面反馈出一个人的基本素质。

在排队时，应当遵守以下礼仪规范。

1．遵守排队秩序

排队应该遵守基本的秩序是：先来后到、依次而行。

2．排队间距适当

排队时，人与人之间最好保持0.5米左右的间隔，不能前呼后拥，往前推挤，影响公共秩序。

特别是在金融窗口、取款机等涉及个人隐私的场合，凡标有“一米线”的，应在“一米线”后依次排队，没有“一米线”的地方，最前排也应留出足够的操作空间。

实务训练

一、阅读下列背景资料，完成实务训练。

销售部李先生陪客户去看新上映的大片。两人进场在第十排位置坐下之后，李先生发现他一位许久不见的老同学坐在他前面不远处，便立即起身去打招呼、聊天，一直持续到电影播放才回到自己的座位。

由于李先生在网上已经看过此片，因此剧情已熟悉，每当电影放映到悬疑片段时，他忍不住要跟客户讲解其中的剧情发展；在影片放映即将结束时，李先生轻轻地对客户说：马上结束了，咱们现在出去吃饭吧，待会人多太挤。说完，他便热情地拉着客户起身离场……

1．请列出李先生的失礼之处。

2．分组讨论在上述场景中得体的行为礼仪。

二、登录互联网，搜索并观看本单元引擎描述的《新概念英语》第二册《私人谈话》的场景，完成下列实务训练。

1．同学互助，进行场景模拟。

2．联系本单元教学知识点谈谈您的感受。

单元测试

1．在公共场合与人交往应尊重社会公德，讲究文明礼貌，做一个有礼、懂礼的人。下列正确的是（　）

①在公共场合上下车要让老人、孩子、女士和军人先行。

②去图书馆、阅览室要注意敬！净！静！

③体育赛场观看比赛要大声呐喊，为运动员加油。

④在影剧院看演出，整个演出结束后，要鼓掌表示感谢，等谢幕完毕，再离开座位。

A．①③④　　B．②③

C．②④　　D．①②③④

2．参观博物馆时，下列哪些做法是正确的？（　）

A．不宜在一件展品前长时间驻足，以免影响他人欣赏。

B．一边观看展览，一边悠闲地抽烟，只要没看到“禁止吸烟”的警告就行。

C．一边观看展览，一边抽烟是不对的，可吃零食，但要注意不随地乱扔瓜果皮屑。

D．对展品随意拍照。

3．到医院就医做检查，应将手机静音。（　）

A．正确　　B．错误

4．观看文艺演出时，为表达热情，掌声越热烈越好。（　）

A．正确　　B．错误

单元 11　涉外礼俗

单元引擎

外贸公司刘女士要去某国进行业务考察，下列一组图片即为该国的风土人情，请您判断是哪个国家？刘女士需注意哪些礼仪禁忌？

各个国家历史背景不同，凝聚成了多姿多彩的文化，同时也产生了各自不同的礼仪风俗。随着国际交往的频繁，我们在国际交往中需要了解各国、各民族的习俗和礼节，尊重他们的宗教信仰和生活习惯，才能在出境行时有礼有节，友好真诚地与世界交流、沟通。

通过本单元的学习，学习者能够了解欧美、亚洲主要国家的礼仪礼俗及生活习惯。

知书达“礼”

一、主要欧美国家礼俗简介

美　国		
	礼仪礼俗简介	美国人性格开朗，举止大方，崇尚个性自由；非正式场合同他人见面也不一定握手，习惯点头致意；平时穿着崇尚自然，体现个性，但正式场合，非常讲究，注意整洁；性格浪漫、为人诚挚，健谈而善用手势，且彼此间保持一定的距离。 到美国人家里做客，不必过分拘礼，但不宜吸烟，进餐时可与左右客人交谈，不宜高声谈笑。
	禁忌	忌数字“13”“3”；忌蝙蝠图案；忌送厚礼，接受馈赠一般先打开并表示喜爱和感谢。

英　国		
	礼仪礼俗简介	英国人矜持而守礼，相见时习惯握手致意；称呼常使用荣誉头衔，重视身份，尊重传统和资历；在待人接物上讲究含蓄和距离，社交中处处体现“女士优先”的原则。英国人着装循规蹈矩，注意服装得体与美观；在特定的仪式场合，还保留传统服装的着装习惯。英国人用餐讲究，通常每天是四餐：早餐、午餐、午茶餐和晚餐。英国人爱喝茶，把喝茶当作每天必不可少的享受。
	禁忌	忌以皇室家事为谈话笑料；忌数字“13”“3”；忌当众打喷嚏；忌大象、孔雀、猫头鹰等图案。

法　国		
	礼仪礼俗简介	法国人讲究礼仪，社交场合有一套约定俗成的礼规。见面礼节有握手、亲吻、拥抱三种方式。男子戴礼帽时，可施脱帽礼。法国人以着装讲究闻名世界；谈吐文雅，热情幽默，经常辅以手势来表达。法国人讲究饮食，法国被称为世界三大烹饪王国之一。法国人善饮，大多数人在餐桌上饮不碰杯，食无声响。
	禁忌	忌送菊、杜鹃、纸花等；忌孔雀、仙鹤等图案；忌数字“13”与“星期五”。

德　国		
	礼仪礼俗简介	德国人待人接物严谨，诚恳坦率；时间观念强。社交场合见面行握手礼，与熟人朋友和亲人相见一般行拥抱礼；称呼德国人一般加头衔。德国人注重礼节形式，应邀做客时，一般都备好礼物。德国人注重衣冠整洁，着装风格一般庄重、朴素、整洁，正式场合多为深色；举止庄重讲究风度。
	禁忌	在德国玫瑰花、菊花只能在特定场合送。德国人不喜欢茶色、红色等；忌用白色、黑色、咖啡色的材料包装礼品，不宜用丝带作装饰。

俄罗斯		
	礼仪礼俗简介	俄罗斯人整体文化素质很高，许多家庭都有丰富的藏书。人际交往中，俄罗斯人素来以热情、豪放、勇敢、耿直而著称于世。在社交场合，一般施握手礼，拥抱礼也是一种常施的礼节；俄罗斯人豪爽大方，如果说他们小气是对他们最大的污辱；饮食讲究"俄式大餐"享誉世界；对盐十分崇拜，认为盐有驱邪除灾的力量，常用面包夹盐招待客人，以示热情和礼貌。俄罗斯人"嗜饮"，爱喝烈性酒伏特加。
	禁忌	俄罗斯人信奉东正教，忌讳以左手接触别人，认为左手握东西或递东西、食物等是失礼行为。

二、主要亚洲国家礼俗简介

日　本		
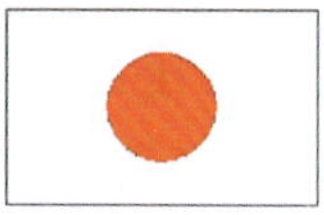	礼仪礼俗简介	日本人重礼守时，集体荣誉感强。鞠躬礼是日本人的传统礼节。日常交往中初次见面要鞠躬，但在国际交往中一般握手问好。日本人拜访他人一般避开清晨、深夜及用餐等时间。进日式房屋时，要先脱鞋，鞋要鞋尖向着房间门的方向整齐放好。正式场合一般穿礼服；和服是日本传统的民族服装，多在出席隆重的社交场合或节庆时穿着。
	禁忌	日本人有许多讲究，忌三人并排合影，忌倒贴邮票；忌绿色；忌带荷花的图案；不使用皇室专用图案菊花。在数字方面，忌讳"4""42""9" "6""13"等。梳子不能单独送。

韩　国		
	礼仪礼俗简介	韩国人崇尚礼仪，深受儒家的影响，有重男轻女的传统。社交场合，男女分开活动。宴会上对主人所斟之酒拒喝是不礼貌的；用餐时不可先于长者动筷。男子见面可打招呼，相互行鞠躬礼并握手，而女性见面通常不握手，只行鞠躬礼。如应邀去家里做客，按习惯要带一束鲜花或小礼物，双手奉上，而受赠者不会当面把礼物打开。进入室内时，要将鞋子脱掉留在门口。
	禁忌	忌讳数字"4"。交接东西要用右手；未征得同意，不宜在长辈、上级面前抽烟。交谈中不宜询问男主人妻子的情况。

印度		
	礼仪礼俗简介	有时用传统的“合十”礼，一般两手空时则合掌问候。合掌时对长者宜高，平辈宜平，晚辈宜低；谈话时，相互之间总保持一臂距离。 印度男子最普通的服装是“托蒂”，在特别重要的场合，会看到个别上穿“古尔达”、下围“托蒂”、足踏拖鞋的老人，这种打扮才是最有身份的标志。许多印度妇女在眉心处涂饰彩色的圆点，印度人称之为“贡姆贡姆”。 在餐桌上，客人一般不能拒绝主人给你的食物和饮料，餐后要向主人赞扬食品好吃以表敬意，一般不宜说致谢的话，以免被认为见外。
	禁忌	印度奉牛为神圣，忌吃牛肉，忌讳用牛皮制品。忌讳弯月图案和送人百合花。

泰国		
	礼仪礼俗简介	泰国人热情友好，微笑迎客，故泰国有微笑土地的雅号。用的礼节是“合十礼”：双手举得越高表示越尊敬对方；在特定场合也行跪拜礼；拜见高僧需跪拜。握手礼只在政府官员、学者和知识分子中盛行，男女间不行握手礼。泰国有自己的传统服饰，男子在正式社交场合通常穿深色的西装，打领带。妇女在正式社交场合穿民族服装，也可穿裙子，但公共场合忌穿短裤。泰国人不喝热茶，习惯茶里放冰块；用餐时习惯围着小圆桌跪膝而坐，用手抓食，现代也有用叉子和勺的。
	禁忌	泰国人忌讳触摸别人头部；女士就座腿要并拢，否则被视为没有教养；忌讳踩踏门槛；足部指向他人为失礼，因此与人对坐时应注意。

实务训练

一、阅读下列背景材料，完成实务训练。

印度某公司客人来我国南方某公司访问。为扩大在印度的市场，中方公司格外重视接待工作，特地将印度代表团下榻的饭店房间换上了宽大、舒适的牛皮沙发。当王经理来到饭店做最后巡视看到崭新的牛皮沙发时，立刻变了脸色，并责令员工们将沙发撤换。

请您分析王经理为何下令撤换牛皮沙发。

二、经过本单元学习,您一定对各国礼俗加深了了解。请结合本单元知识点完成下列实务训练。

1. 本单元引擎中刘女士将去考察的国家是__________。

2. 图中右下角的______________是该国知名度最高的古迹之一。

3. 请为刘女士列出访该国的礼仪禁忌清单。

单元测试

结合本单元内容,登录互联网拓展学习,判断下列说法是否正确?若不正确,请给出合理的解答。

1. 美国人在收到礼物时,不一定马上打开当着送礼人的面欣赏或品尝礼物,但会立即道谢。(　　)

2. 英国人喜欢别人称呼他们为"英国人"。(　　)

3. 日本人给老人祝寿,选一些有特定意义的年岁。如88岁为"囍寿"。(　　)

4. 德国人打招呼时不喜欢带上头衔,可直呼其名。(　　)

单元12 馈 赠

单元引擎

天鹅贡唐朝，山重路更遥。
沔阳河失宝，回纥情难抛。
上奉唐天子，请罪缅伯高，
物轻人意重，千里送鹅毛。
这个故事包含了馈赠礼仪的哪些元素？

馈赠是人们在交往过程中通过赠送给交往对象礼物来表达对对方的尊重、敬意、友谊、纪念、祝贺、感谢、慰问、哀悼等情感与意愿的一种交际行为。馈赠有助于增加理解，加深友谊。

通过本单元的学习，学习者能够掌握馈赠的原则，并在不同场合中灵活应用。

知书达“礼”

一、馈赠目的和原则

（一）馈赠的目的

“礼物代表我的心”，社交活动中馈赠的目的主要是：沟通感情、保持联系、体现馈赠者的品质和诚意。

（二）馈赠礼物的选择原则

馈赠礼品四原则

针对性

一要因人而异。根据不同的对象选择不同的礼品，满足不同的需要。礼品不在价值高，而在受礼人喜爱；二要因事而异。即在不同情况下，向受礼人赠送不同礼品。

差异性

不同民族国家有不同的文化传统，也就有不同的文化禁忌。一件礼品在中国是受欢迎的，在其他国家也可能是忌讳的。

纪念性

礼品重纪念重情谊不重价值。纪念性是指礼品要与一定的人、事、环境有关系，让受礼人见物思人忆事，要有一定的寓意。

民族性

“越是民族的东西，就越是世界的。”每个民族、国家都有自己独特的文化传统和特点。“物以稀为贵”，在送礼时这个“贵”是珍贵，不是价值贵。

二、馈赠基本礼仪

（一）馈赠的六要素(5W+1H)

要素	描　　述
Who	馈赠对象:性别年龄、职位身份、性格喜好
Why	馈赠目的
What	馈赠内容:赠物(鲜花、卡片、纪念品等)和赠言(书面留言、口头留言、临别留言、毕业留言等)。 (1) 根据礼品的象征意义选择。 A. 公司庆典一般送鲜花; B. 慰问病人可以送鲜花、营养品、书刊; C. 朋友生日送卡片、蛋糕; D. 节日庆祝送健康食品、当地特产; E. 旅游归来送人文景观纪念品、当地特产; F. 走亲访友送精致水果、糖酒食品。 (2) 根据馈赠对象选择礼品。 A. 考虑彼此的关系现状; B. 了解受赠对象的爱好和需要(如:给书法爱好者送文房四宝、给音乐爱好者送乐器); C. 尊重对方禁忌(如:个人禁忌、民俗禁忌、宗教禁忌、伦理禁忌); (3) 根据民族地域特点选择礼品。 (4) 根据馈赠价值选择礼品。
When	赠送的时机: (1) 时间和时机:结婚、生子、乔迁、晋升、受挫、生病住院、表示感谢。 (2) 控制好送礼的时限。一般以简短为宜,说明意图及礼品解释即可。 (3) 注意时间忌讳。不必每逢良机必送,使礼多成灾。
Where	馈赠礼品的场合:表示谢意、敬意的场合,祝贺庆典,公共活动场合,祝贺开张开业,适逢重大节日,探视病人,应邀家中做客,遭受不测事件。
How	馈赠方式:可以采用亲自赠送、托人赠送、邮寄运送等方式,馈赠时应仪态大方地说明意图、介绍礼品。

（二）礼品的包装

包装	描　　述
包装材料	注意包装材料、容器、图案造型、商标、文字、色彩的选择和使用，应符合政策法规和习俗惯例，不要违反受赠方的宗教、民族禁忌。
数字禁忌	注意数字禁忌。如日、韩等国不喜欢“4”，而欧美等一些国家不喜欢“13”。
色　　彩	注意色彩。如日本忌绿色，喜红色；美国人喜欢鲜明的色彩，忌紫色；而信奉伊斯兰教的人们不喜欢黄色等。

（三）受赠礼仪

（1）受赠者应在赞美和夸奖声中收下礼品，并表示感谢。一般应赞美礼品的精致、优雅或实用，夸奖赠礼者的周到和细致，并伴有感谢之词。

（2）双手接过礼品，视具体情况或拆看或只看外包装，还可请赠礼人介绍礼品功能、特性、使用方法等，以示对礼品的喜爱。

（四）拒绝礼品的礼仪

拒收礼品时，应保持礼貌、从容、自然、友好的态度，先向对方表达感谢之情，再向对方详细说明拒收的原因，切记不可硬挡，以免对方难堪。

实务训练

一、完成下列图文中实务训练。

《麦琪的礼物》是美国著名文学家欧·亨利的一篇短篇小说。请登录互联网搜索收听故事《麦琪的礼物》，并谈谈对馈赠礼仪的感悟。

二、请查阅相关资料，完成下列单元：

1．外贸公司李总将赴美国业务考察，为提升公司形象，促进海外业务发展。请为李总选择馈赠礼品：

青花瓷钢笔

香烟

香水

2．请回忆自己生活或工作中的一次馈赠（或接受）经历，进行馈赠“六要素”描述、分析。

三、请上网查阅送花礼仪等拓展学习资料，了解送花礼仪和花语，完成下列实务训练。

1．鲜花经常在馈赠礼仪中担任着重要角色，请将左侧的花与右侧的花语连接起来。

玫瑰花		纯洁、庄严、心心相印
龟背竹		永结同心、吉祥如意
白色百合		健康长寿
马蹄莲		热爱、热情

2．回忆生活中一次赠送或接受鲜花的经历，描述花语和体会。

单元测试

1．“赠送他人礼品时，应注意当面赠送并且礼品越贵重越好。”这句话是否正确，您的见解是什么？

2．“千里送鹅毛，礼轻情意重”表达了怎样的含义？

3．在接受馈赠时中外“有别”吗？

4．馈赠的六要素(5W+1H)中，1H 指的是什么？

5．馈赠礼仪六要素中“When”包含哪些内容？

本篇综合实务训练

一、阅读程序规则,完成实务训练。

(一) 程序和规则:

1. 分小组学习,自行选用某个国家为背景进行情景设计。

2. 在组内进行礼仪礼俗模拟训练。

3. 按情景设计进行角色模拟。

将模拟展示拍照或微视频,回放点评。

(二) 关键点提示:

1. 情景设计是否流畅,是否具有情节性。

2. 情景过程是否涵盖本单元多礼仪元素。

3. 模拟过程设计的礼仪行为是否得体。

(三) 记录下列各项:

1. 您选择哪个国家作为背景;

2. 所选国家有的主要礼仪礼俗和禁忌。

二、阅读下列资料,完成实务训练。

(一) 下面给出的一些生活当中的情景(包括家庭、校园、公共场合),哪些符合你的看法?

1. 听音乐会要着装整齐,若迟到了,最好在幕间入场,悄然入座。

2. 在公共汽车或地铁车厢内遇到熟人要热情大声招呼对方。

3. 男士应尽量避免挨着独坐一桌的陌生女子坐。

4. 乘坐有专职司机驾驶的轿车, 一般常规的尊卑位次依次为:司机对角线、司机正后方、副驾驶座。

5. 室外悬挂的国旗要日出而升,日落而降。

6. 在公共健身房活动,要互相关照、保持器材干净。

7. 在教室、会议室、食堂、电影院要遵守公共秩序,主动将手机关机。

8. 参观博物馆时, 只要没看到“禁止吸烟”的牌子就可抽烟。

9. 在欢迎国家元首时鸣礼炮 19 响。

10．在舞会上，女士可以邀请男士跳舞。

（二）评估标准和结果分析。

1	2	3	4	5	6	7	8	9	10
√	×	√	√	√	√	×	×	×	√

答对 6 题以下，对本篇内容认知不足；

答对 6~8 题，对本篇内容有一定认知；

答对 8 题以上，较好掌握了本篇内容。

第四篇
职场礼仪

本篇教学内容包含求职、会议、洽谈、签约、通联等职场常见活动礼仪。通过学习，学习者能够了解应聘前的注意事项及心理准备；熟悉应聘流程及基本面试技巧；掌握常用商务活动流程及相关仪式基本礼仪通则；能够熟练地将职场礼仪的规范和细节应用到实际工作当中；培养良好的职业素养，提升自身的综合职业能力。

单元13　求　职

单元引擎

小美大学毕业后几经周折终于有了面试应聘的机会。她准备好各种证书，背熟中英文自我介绍，可是一想到面试心中就忐忑不安，七上八下的；对考官会提出什么问题，也无从下手准备，脑子里一片空白……

请您帮助小美梳理一下，在面试前应从哪些方面着手准备呢？

通过本单元的学习，学习者能够学会求职面试的基本礼仪规范，提高面试礼仪的应用能力，以专业求职者的姿态，从容面对这个综合性的考试，从众多竞争者中脱颖而出。

知书达“礼”

一、求职前的准备

面试六备
备单位
备心理
备问题
备仪表
备情境
备礼仪

(一) 备单位

求职前，首先要利用各种途径广泛收集人才需求信息。既可以通过政府、学校、企业和人才供需见面会、人才交流会等渠道了解哪些单位要人，也可以从广播、电视、报刊、互联网、人才市场、劳动力市场、职业介绍所等各种媒介中捕捉就业信息，还可以拜托亲朋好友、老师、同学、老乡等帮忙打听、联系。然后，将收集到的信息进行整理，从中筛选出自己认为比较理想的工作单位，作为下一步进军的目标。

1. 选择单位

所谓理想的工作单位，是指那些既符合本人兴趣又能发挥自己专长的职业。对个人而言，单位牌子大小、实力强弱并不是最重要的，关键是看用人单位能否给自己一个发挥才能的机会和拓展事业的空间，只要有发展前途，都可以纳入自己的考虑范围。

知己知彼方能百战不殆，对应聘单位的信息要有充分的准备。

2．对于招聘单位的信息要了解全面

(1) 用人单位的准确名称和发展历史。

(2) 用人单位的所有制性质(国有、合资、民营等)；用人单位的规模、发展前景、地理环境、经营范围和种类等等。

(3) 用人单位的隶属关系；中央直属单位要搞清主管部、委、总公司等情况(人事档案管理关系)；省直单位要搞清主管的厅、局；市属单位要搞清上级主管部门(指人事管理权限)。

(4) 用人单位需要人才的专业、使用意图、具体工作岗位。

(5) 用人单位的所需人才的具体要求及待遇情况。

(6) 了解用人单位的企业文化。

3．自问自答

在了解用人单位信息后，要认真思考以下问题：

(1) “这个公司真的适合我吗？”

找工作就像谈恋爱，两情相悦才有未来。所以要问问自己，到这个单位我除了拿工资养家糊口以外，自己是否真的喜欢。热爱是最好的老师。最佳的职业选择是职业与兴趣的最佳结合。应根据自己的专业、特长、兴趣爱好、个性特点等方面做出合理的选择。

(2) “我得到的报酬是否与我的价值相当？”

除工资之外，还应注意，是否还有医疗保险、住房补贴或培训费用。

(3) “这份工作对我的未来发展有帮助吗？”

对于获得的工作的动机既要“顾眼前利益”，也要着眼这份工作的进步和成长空间，为将来的发展提升竞争力，帮助你向自己的理想迈进。

4．求职简历与求职信

求职者一旦选择好了较理想的工作单位，即可主动进行联系。

寄上个人简历和自荐信或介绍信、推荐信。

个人简历包括姓名、性别、年龄、地址、所学专业、课程及其成绩，外语水平最好列明是否具有听、说、读、写、译五种能力，同时还应说明电脑使用能力，等等。此外，不要漏掉工作经历或社会实践及其成就。如果曾担任学生干部、主持或参与过重要活动，则自然会引起用人单位的注目；而综合素质高、科研成果多的复合型人才，也备受用人单位的青睐。

当然，求职者写个人简历应实事求是，既不要夸大其词，也不要过于自谦，力求做到行文规范，表达准确。打印出来的篇幅一般不超过两页，文中不宜出现文字错误。

（二）备心理

面试是一场心理战。要在战略上藐视敌人，在战术上重视敌人。缺乏自信或自信心不足则常表现为过分自卑，盲目羡慕别人，忽略自己的长处；另外自尊心太强，不善于和陌生人沟通等，都不利于面试成功。自信才能表现出从容不迫的风度，才能赢得组织人事部门的赏识和信任。面试前应适时地进行心理自我调节，给自己积极的心理暗示，勇敢地接受挑战。

（三）备问题

自我介绍是可以提前准备的，同时对面试中可能遇到的一些相关的问题我们也要有所准备，才能增强自信，积极应对。

面试前这些问题你考虑过吗？

（1）我们为什么要聘用你？

（2）你有哪些缺点？

（3）你的学习成绩能否正确反映你的才能？

（4）你有没有同时申请别的工作？是什么单位？

（5）如果我们录用你，你能在本单位服务多久？

（6）你为什么过去频繁变换工作？

（7）你是一位好听众吗？

（8）你与人相处得怎样？

（9）能讲一讲你的……经历吗？

(四) 备仪表

完备礼仪知识,可让自己举手投足都带着自信。你想成为一个什么样的人,首先你要看起来像那样的人。

(1) 个人卫生的清洁是仪容美的关键,是保持自身良好形象的基础,是面试礼仪的最基本要求,也是确保面试取得成功的必要条件。

(2) 面试时的形象除遵循个人形象礼仪的一般规范外,还要注意与面试时所应聘的岗位相适合。

职场上对女性形象的一般要求是:端庄、优雅、自然、干练。一般女性以短发、束发或盘发为宜;男性的头发应前不遮眉、侧不遮耳、后不及领。

服饰是无声语言,它显示一个人的个性、修养等多种信息,恰当的服饰会让你的自信大幅度提高。

面试服装不宜过于华丽、前卫、新潮,女士尤忌紧、短、薄、露、透的服装。饰物要少而精,微笑与自信才是女士最好的配饰。

(五) 备情境

在面试之前,最好仔细对自己做一个 SWOT 分析,列出自己的教育背景、资历与工作经验等,了解这份工作对自己的适合程度,做到知彼知己。

准备好面试需要的证件,将身份证、户口本、照片、毕业证、资格证书、获奖证书等装入公文袋。

请有经验的朋友、师长帮助,对即将到来的面试场景进行模拟练习。

面试清晨温馨提示:

1. 早点起床,梳洗准备,一定要吃早饭。

2. 整理妆容、着装,对镜子审视,检查需带的资料证件。

3. 提前出门,把时间安排好,宁早勿晚。

4.不要找人陪同前往。

二、面试基本礼仪(备礼仪)

掌握面试中的礼仪和交流表达技巧,可以为赢得这个综合性的面试加分。求职者在面试过程中表现出的礼仪水平,不仅反映出求职者的人品和修养,而且直接影响面试官的最终决定。因此,求职者参加面试时,务必注意以下几点。

(一) 提前到达,等待面试

良好的时间观念,既是一种美德,也是一个人良好素质修养的表现,同时还体现出对考官的尊重和对求职的认真态度。

参加面试一般应提前15~20分钟到达面试地点。尊重接待人员，主动向接待人员问好，若需要填写表格，字迹力求工整、清晰。等候的过程中要注意姿态，不要以为进了面试室才是面试。从你进入招聘单位起，你的面试就开始了，你的服饰打扮、举止言谈、气质风度、文明礼貌，无时无刻不在影响你的形象，决定着你的前程和命运。

（二）进入面试室的礼仪

进入面试室的一刹那就是一场短兵相接。与主考官第一个照面，形成的第一眼印象，有可能就决定了你的去留。这是面试的一个很重要的礼仪环节。这个环节由许多小环节构成，如：敲门方式、见面方式、落座方式、自我介绍等。

1．进入面试室

不论门是开是关，都应先轻轻敲门，得到允许后才能进入，切忌伸头张望，更不可贸然推门而入；进门后轻轻地将门关上，向面试官行鞠躬问候礼；若面试官伸出手来，求职者应同他(她)热情握手，不要主动伸手与面试人员握手。如果面对多位主考官，请不要顾此失彼；目光要照顾到每一位考官后再鞠躬、问好。

2．面试入座

不请自坐显然是失礼的。当对方说“请坐”时，回应“谢谢”，方可按指定位置坐下，并保持良好坐姿，不宜急于落座。

3．言谈举止

“此时无声胜有声”，用你无声的、职业化的举止仪态，向面试官表达“我是最适合的人选”。

面试中，你的习惯性的肢体语言会暴露你的弱点。如目光接触、身体姿势控制、习惯动作、讲话时的声音控制等。

面部应保持自信的微笑，让自己的真诚和热情洋溢在脸上。眼睛是心灵的窗户，面试过程中目光不要游移不定，躲闪走神。自然的眼神，能够传达出你对考官的诚意和尊重。

保持大方优雅的姿态，以显示你的自信和饱满的精神。与考官交谈时忌指手画脚、驼背耸肩、双腿抖动、玩手指等小动作，这些不良习惯，会使你的形象大打折扣。

让你的声音更出色。注意调整自己的语音语调，使其悦耳动听。语调应简洁、清晰、抑扬顿挫，自然地、自信地表达。不要夹带“口头语”，不要汉语中夹带英文。

4．自我介绍

这2~3分钟的自我介绍是面试实战非常关键的一步，也是你接下来面试的开端，考官将基于你的材料与介绍进行提问。自我介绍将在很大程度上决定你在各位考官心里的印象，印象良好，才能有一个好的开始。

（1）开场白简洁，注意力高度集中，不拖延时间，控制在2~3分钟。这样会给主考官留下自信、干练的好印象。

（2）姓名、工作经历等在简历中出现过的要一句带过，把重点放在简历中没有的东西。如：更多地说明自己对所应聘岗位的认识、自己在这方面的优势等，也可说明自己的工作经验和所取得的成绩，为后面的面试提问埋下伏笔。

（3）有条理自信地使用口语流畅地表达。不要像背书似地发表死板的长篇大论，也不能想到哪儿说到哪儿。避免使用“或许”“可能”“大概”等不确定性的语言，这会让主考官觉得你没有做好准备或者缺乏自信。

5．适时告辞

当主面试官说“感谢你来面谈”等诸如此类的话时，意味着面试完毕。求职者应从容不迫地站起来，面带微笑地表示谢意，然后走出房间并轻轻带上门。离开时，勿忘向接待人员道谢、告辞。

（三）面试后礼节

面试之后，求职者不要消极地等待通知，最好在面试后1~2天，利用短信、电子邮件或电话向主考官表达谢意，在信中和交谈中再次表达希望进入该单位工作的愿望。

一般情况下，面试3~5天（甚至更长）后才能出结果。如果面试两周之后求职者还未收到答复，就应该写信或打电话给招聘单位或主考官，询问有关结果。打电话要事先列好提纲，直切主题、语调欢快、声音清晰明朗，不管是否录用都要表示感谢。

实务训练

一、分组设计一场模拟招聘活动。

1．进行面试场景模拟训练；

2．结合求职礼仪教学知识点，填写实训小结。

<table>
<tr><th>训练名称</th><th colspan="3">求职面试</th></tr>
<tr><td>教学班</td><td></td><td>姓名</td><td></td></tr>
<tr><td>本组成员</td><td colspan="3"></td></tr>
<tr><td>任务模拟</td><td colspan="3">角色：
场景：
模拟描述（文字描述、小组活动照片、活动小视频）：</td></tr>
<tr><td>任务小结</td><td colspan="3">（总结相关礼仪知识点、技能点）</td></tr>
</table>

二、完成面试前心理测试。

1．综合评估情境描述：完成下列面试前的心理测试。

(1) 面试还有好几天，我就已经坐立不安了。

(2) 临近面试时，我会拉肚子。

(3) 一想到面试即将来临,我的身体就会发僵。

(4) 面试前,我总感到苦恼。

(5) 面试前,我感到烦躁,脾气也变坏。

(6) 面试准备期间,我常会想道:“面试如果通不过,我该怎么办?”

(7) 面试一天天逼近,我的注意力越来越难以集中。

(8) 一想到马上就要面试了,参加任何文娱活动我都觉得没劲。

(9) 面试前,我常常预感到“这次要糟”。

(10) 面试前,我常做关于面试的梦。

(11) 面试前,我上厕所的次数增多。

(12) 面试前,我常常感到头痛。

(13) 我担心,如果我通不过面试,有些人会瞧不起我。

(14) 面试是一种让我厌烦的人才考察方式。

(15) 如果面试不关系到我的未来,我会喜欢它的。

(16) 我在面试前总是过于紧张。

2. 综合评估的标准和结果分析。

每道题选“不符合”得 0 分,选“较不符合”得 1 分;选“较符合” 得 2 分;选“很符合” 得 3 分。

如果得分在 0~6 分,说你你非常镇定,对面试完全放松;

如果得分在 7~11 分,说明你比较镇定,心态较放松;

如果得分在 12~24 分,则说明你有着轻度的焦虑;

如果得分在 25~37 分,你的焦虑感就过高了,如不采取有效措施,在面试中,你将难以发挥出正常的水平;

如果得分在 37 分以上,就说明你已经患上“面试焦虑症”,对于面试有着莫名其妙的恐惧感,在面试中,你往往会严重“怯场”,你必须要扭转这种局面。

三、完成面试礼仪自我检视实务训练。

以下是一份求职面试礼仪自我检视清单, 请对照检查,您的求职面试礼仪是否有不妥的地方,如有请及时予以改正。

时段	检视事项	检视情况
面试前的礼仪	1. 头发干净自然，如要染发则注意颜色和发型不可太标新立异。	
	2. 服饰大方整齐合身。男女皆以时尚大方的套服为宜。	
	3. 面试前一天修剪指甲，忌涂指甲油。	
	4. 不要佩戴标新立异的装饰物。	
	5. 选择平时习惯穿的皮鞋，出门办事前一定要清洁擦拭。	
面试过程礼仪	1. 任何情况下都要注意进房先敲门。	
	2. 待人态度从容，有礼貌。	
	3. 眼睛平视，面带微笑。	
	4. 说话清晰，音量适中。	
	5. 神情专注，切忌边说话边整理头发。	
	6. 手势不宜过多，需要时适度配合。	
面试结束时的礼仪	1. 礼貌地与主考官握手并致谢。	
	2. 轻声起立并将座椅轻轻推至原位置。	
	3. 出公司大门时对接待人员表示感谢。	
	4. 24 小时之内发出书面感谢信。	

单元测试

1．写个人简历应做到行文规范，表达准确。(　　)

A．正确　B．错误

2．面试时总的原则是委曲求全，以诚待人。(　　)

A．正确　B．错误

3．面试应提前 15 分钟到达面试地点，一边稳定情绪，还可以在等待区或去洗手间整理一下妆容。(　　)

A．正确　B．错误

4．面试后，不要消极等待，要经常打电话询问结果。(　　)

A．正确　B．错误

5．简述面试礼仪有哪些禁忌。

单元14 会 议

单元引擎

ST集团为开拓服装市场，计划召开夏季服饰展示会，市场部经理乔林正和筹备组的同事讨论时装秀的方案。您认为展示会的策划案应从哪几个方面着手？

会议是职场中最常见的活动，要树立良好的主题形象必须遵循相关的礼仪规则。本单元主要内容有会议流程、会议准备、会议座次排序等。通过本单元的学习，学习者能够掌握会议礼仪的基本规范，以免在常见的商务活动场合失仪失礼。

知书达“礼”

一、会议一般流程

会议是人们有组织、有领导、有目的地通过集会形式商讨问题、制定决策、交流经验、发布信息、研究或解决特定事项的活动。会议的种类很多，但不管其目的如何、规模大小，作为会议的组织者都要精心策划，严密组织，保证会议取得应有的效果。会议的成功，固然取决于会议的主题、内容确定是否恰当，取决于组织者的管理水平和管理能力，但与会者是否遵守会议礼仪也有很大的关系。政府、企事业单位会议特别是大中型会议都有一套完整的工作流程，它保证了会议管理的科学性和规范性。

会议流程一般包含以下几个方面。

（一）会议前准备流程

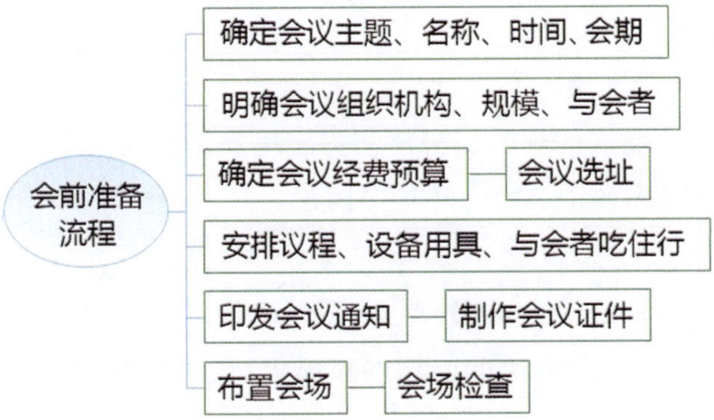

以下择要介绍重点步骤操作要领。

1．确定会议主题与议题

要有切实的依据；必须结合本单位的实际；要有明确的目的。

2．确定会议名称

会议名称一般由“单位+内容+类型”构成,内容应根据会议的议题或主题来确定。

3．确定会议规模与规格

本着精简效能的原则,会议的规模有大型、中型、小型。会议的规格有高档、中档和低档。

4．确定会议时间与会期

会议的最佳时间,要考虑主要领导是否能出席,确定会期的长短应与会议内容紧密联系。

5．确定会议所需设备和用品

(1) 必备用品:是指各类会议都需要的用品和设备,包括文具、桌椅、茶具、扩音设备、照明设备、空调设备、投影和音像设备等。

(2) 特殊用品:是指一些特殊类型的会议,例如谈判会议、庆典会议、展览会议等所需的特殊用品和设备。

6．建立会议组织机构

一般包括:会务组、宣传组、秘书组、文件组、接待组、保卫组。

7. 确定与会人员名单

一般包括出席会议和列席会议的有关人员。应根据会议的性质、议题、单元来确定与会人员。

8. 选择会议地点

要根据会议的规模、规格和内容等要求来确定会议地点，有时也要考虑政治、经济、环境等因素。

9. 安排会议日程

会议日程是指会议在一定时间内的具体安排，对会议所要通过的文件、所要解决的问题的概略安排，并冠以序号将其清晰地表达出来。

10. 制发会议通知

会议通知的内容包括会议的名称、时间、地点、与会人员、议题及要求等。会议通知的种类有书信式和柬帖式；正式通知和非正式通知。会议通知的发送方式有书面、口头、电话、邮件。

11. 制作会议证件及准备会议文件资料

(1) 会议证件包括会议正式证件和工作证件。会议正式证件主要有代表证、出席证、列席证、来宾证；会议工作证件主要有工作证、记者证、出入证。会议证件的内容有会议名称、与会者单位、姓名、职务、证件号码等。有些重要证件还贴上本人照片，加盖印章。

(2) 会议文件资料主要有议程表和日程表、会场座位分区表和主席台及会场座次表、主题报告、领导讲话稿、其他发言材料、开幕词和闭幕词、其他会议材料等。

12. 会场的布置

(1) 主席台。主席台的布置一要对称，二要简化。

(2) 会场内外的布置。主要有会标、会徽、台幕、标语、桌签、座签、色调、灯光、旗帜、花卉等。

（二）会议期间工作流程

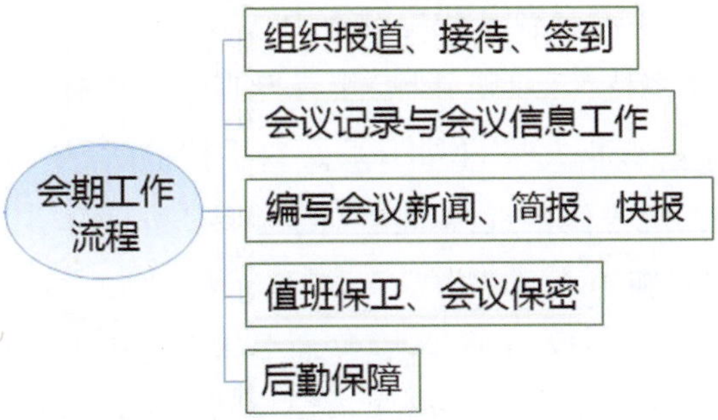

（三）会议后工作流程

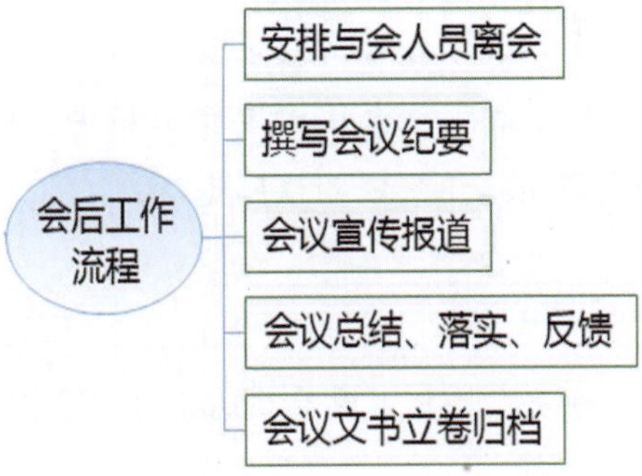

二、会议基本礼仪

（一）参加会议人员礼仪

1. 会议组织者的礼仪

会议组织者的礼仪，主要体现在尽职尽责地为与会人员服务上。会议开始前，要精心做好准备工作（包括明确会议内容、确定与会代表、选择会议地址、做好邀请工作等）。与会者到达会场，要热情接待、介绍；会议进行中，要做好例行服务，安排好与会者食宿，做好现场记录；会议结束后，要做好会议文件的整理和归档，做好送行工作。

2. 主持人礼仪

主持人是会议的具体组织者和领导者，其礼仪表现对会议能否圆满成功有着重要的影响。因此，在主持会议期间，主持人态度要认真严谨，应熟知会议的议题、时间及各项安排等相关内容，注意把握会议的节奏、气氛和时间；主持人发言要口齿清楚，思维敏捷，简明扼要；主持人应衣着整洁，大方庄重，精神饱满，忌不修边幅；走上主席台要步伐稳健有力。

如果是站立主持，要双腿并拢，腰背挺直。持稿时，右手持稿件的中部，左手五指并拢自然下垂。双手持稿时，要与胸齐平。坐姿主持时，应身体挺直，双臂前伸，两手轻按桌沿。主持过程中，不要出现抖腿等不雅动作。

此外，主持人在会议期间，还应尊重全体与会代表，尊重发言人。当发言人结束发言时，主持人应引导与会人员鼓掌致意。

3．主席团成员礼仪

主席团是会议所设立的最高决策领导机构，对于整个会议的成功负有重要的组织责任，因此其成员应以身作则，严格遵守会议纪律，准时到会，按序就座。会议中要精力集中，倾听代表的发言，不随意离开会场;散会时，依照秩序退场。

4．发言人礼仪

发言人是会议的重心和主角，是与会人员注意力的集中点。会议发言人要衣冠整齐，走上主席台时步态自然，刚劲有力，体现出自信的风度和气质。

发言前应分别向会议代表和主席团行礼致意；发言时，一般应使用普通话，掌握好语速、音量，发言内容简明扼要。如是书面发言，要兼顾与会者的反应，礼貌回答与会者提问。发言时间一般不超过大会规定。发言完毕要致谢。

5.与会代表礼仪

对与会代表来说，重要的是遵守会议纪律，按时入场。在发言人发言时认真倾听，做好记录；发言人发言开始和结束时，鼓掌致意。会议进行时，不私下交谈，不在会场内使用手机，衣着整洁，仪表大方，不随意离开会场。

（二）会议座次礼仪

举行正式会议时，通常应事先排定与会者，尤其是其中重要身份者的具体座次。越是重要的会议，它的座次排定往往就越受到社会各界的关注。在实际策划会议时，由于会议的性质和规模多有不同，因此其具体的座次排定便存在一定的差异。

1. 小型会议座次安排

小型会议,可以把会场布置成圆桌型或者方桌型,领导和会议成员可以互相看得见,大家可以无拘无束地自由交谈,这种形式适合于召开15~20人的小型会议。如工作周例会、月例会、技术会议、董事会。小型会议的排座,目前主要有以下两种具体形式。

(1) 面门设座。

面门设座一般以面对会议室正门之位为会议主席之座,即尊位。通常会议主席坐在离会议门口最远的桌子末端。主席两边为参加公司会议的客人和拜访者的座位,或是给高级管理人员、助理坐的,以便能帮助主席分发有关材料、接受指示或完成主席在会议中需要做的事情。

(2) 依景设座。

所谓依景设座,是指会议主席的具体位置,不必面对会议室正门,而是应当背依会议室之内的主要景致之所在,如字画、背景等。

2. 大型会议座次安排

大型会议即与会者多、规模较大的会议。大型会议在会场上要分设主席台和听众席。

(1) 主席台。一般面对会场主入口;面对听众席。主席台成员的桌上要放置正反两面的桌签。主席台排座,具体分为主席团排座、主持人座位、发言者席位等。

第一,主席团排座。会议主席台就座者都是主办方的负责人、贵宾或主席团成员,安排座位时应注意以下惯例:依职务的高低安排座次。职务最高者居中,然后按先左后右(这是国内公务会议的特例,国际惯例则是先右后左),由前至后的顺序依次排列。正式代表在前,列席代表在后。

第二,主持人座席。会议主持人(即大会主席)的具体位置:一是居于前排中央;二是居于前排的两侧;三是按其身份排座,但不应就座在后排。

第三,发言者席位。在正式会议上,发言席的常规位置,一是主席台正前方,二是主席台的右前方。

(2) 听众席排座。在大型会议上,主席台下的一切座位都是听众席。听众席排座,可以按以下方式进行:

按姓名的汉字笔画排列;按汉语拼音字母排列;按行业系统排列;自由式择座。

如果分为前排和后排,以前排为高,后排为低;如果分为不同楼层,楼层越高,排序越低。

3. 会议常见布置形式

方式	特点
剧院式	会议厅内面向讲台成排摆放座椅,中间留较宽的过道。最大限度利用空间,最大限度容纳人数。座次排序同大型会议。
教室式	会议室内将桌椅按排端正摆放或成"V"形摆放;参会者可有放置资料及记笔记的桌子。座次排序原则中间高于两侧,前排高于后排。
方形中空式	会议室内桌子摆成方形中空,椅子摆在外围,常用于学术研讨等会议,容纳人数较少,对会议室空间有一定的要求。座次参见小型会议。
U形	会议桌摆设成一面开口的U字形状,椅子在周围;如需投影可在U形开口处放置。能容纳的人数较少。一般适合小型会议。座次排序参见小型会议。

实务训练

一、阅读下列背景资料,完成实务训练。

1. 情景描述:

ST公司会议室,小美身着米黄色西服套装来到会议室门口,一一引导与会人员进入会议室。她把客人引领到会议桌对门的座位边,把主持会议的卓林总经理引领到会议桌背门的座位边,自己坐在卓林总经理右边。总经理卓林开始讲话,小美主动做会议记录。

总经理卓林:"请先介绍一下贵公司的经营项目和经营状况吧。"

客人甲:"我们公司是由中韩两国合资组建的,成立于2010年,到目前全国各地都有营销点……"

总经理卓林："好，贵公司的情况我们都了解了。现在休息一会儿。"

小美给客人倒咖啡。她把煮好的咖啡倒入咖啡杯，然后用手从糖块杯中取出糖块一一放上，用汤匙搅一搅，分别放到客人面前。

小美："请喝咖啡。"

客人乙："谢谢。"

2．个人剖析案例或小组讨论：

(1) 从上文描述中，画出与会议礼仪相关的知识点和技能点并数字标出(如①②③……)作为评论点；

(2) 分别对画出的各评论点进行点评。

二、通过本单元学习您一定对会议礼仪的流程有了进一步认知，请结合实际工作起草一份活动的会议策划和流程。

单元测试

1．会议名称一般由________、________和________构成。

2．会议的规模有_____、_____、_____。会议的规格有档次、_____档次和_____档次。

3．主席团排座按国内公务、政务惯例：依职务的高低安排座次。职务最高者居中，然后按先______后______依次排序。

4．方形中空式的会场布置有什么特点？

5．简述会议结束后的工作程序。

单元15 洽　谈

单元引擎

电影《中国合伙人》最后一段僵局暂停后谈判再次开始时，王阳在开场送了波诺先生一盒中国月饼，并幽默地说："如果打起来，还可以拿它来扔你……"观看这段视频，这个环节在谈判（洽谈）中起到什么作用？

本单元包括职场洽谈人员礼仪规范和洽谈座次等内容。通过学习，学习者能够掌握在职场参加洽谈活动时的一般行为规范和礼仪通则，以免在这些职场常见活动中失礼失仪。

知书达"礼"

洽谈是公务、商务活动中常见的场景，商务谈判是商界人士所进行的洽谈，是重要的商务活动之一。

在洽谈活动中，遵守洽谈礼仪毫无疑问占有重要地位。当然，在洽谈活动中，遵守了洽谈礼仪未必会使谈判一举成功；但如果违背了洽谈礼仪，却会造成许多不必要的麻烦，甚至使达成协议功亏一篑。

一、洽谈人员行为规范

洽谈人员礼仪规范	一般要求
仪容整洁	头发：男性发型长短适当，干净整齐；女性，应选择端庄大方的发型。 面部：男性保持干净清爽；女性化淡妆、保持妆容和谐清爽。
服饰规范	男性：深色两件套西装，白色衬衣、素色或条纹领带，配深色袜子和黑色皮鞋。 女性：套裙配肉色长筒丝袜和与套装相适宜的高（中）跟鞋。
言谈举止文明得体	表达准确，口齿清晰，言词有礼，多用敬语和谦语；举止大方，优雅得体。

二、洽谈活动基本礼仪

(一) 参加洽谈人员礼仪

1. 提前约定时间,并按时赴约

从事商务活动的人都拥有较强的时间观念。因此,在洽谈之前双方应提前约定时间,做好洽谈的准备。一旦相约,双方都必须按时赴约,若迫不得已需要更改时间,应提前通知对方。言而无信的商务伙伴,失去的不仅仅是信用,而且还有双方真诚合作的机会。

2. 创造和谐的洽谈气氛

商务洽谈的结果最终影响着利益的分配,因此双方人员的据理力争免不了会有一番唇枪舌剑。应运用恰当得体的语言、灵活多变的策略,创造良好的洽谈气氛,变不利因素为有利因素,“化干戈为玉帛”推动双方在友好的气氛中解决问题。

3. 以礼相待,真诚合作

在商务洽谈中,双方应表现出真诚的合作态度,互相尊重,以礼相待。应在把握目标坚定性和策略灵活性的前提下,本着互谅、互让、互惠的原则,体现尊重平等从而取得洽谈的成功。即使没有“达成一致”,也要彬彬有礼,宽容大度,为以后的合作打下良好的基础。

(1) 自我介绍。

自我介绍要得体,在自我介绍后,可递上名片加深印象,表现自然、大方得体、不卑不亢。

(2) 提问时语气委婉。

洽谈时要讲究一定的技巧和礼仪。在提问内容上,不要问与洽谈内容无关的问题,或是追问对方难以回答的问题,使对方感到尴尬和难堪。如提出的问题对方一时答不了或不愿回答,就不要追问,而应随机应变,适时转换话题。

(3) 回答问题实事求是。

回答对方的问题要实事求是,不可敷衍了事或答非所问。如果对方对某个问题不甚了解,要耐心地向对方做出解释,切不可表现得不耐烦,甚至不屑一顾。如果有些问题不便回答,可以委婉说明。

（二）洽谈座次礼仪

商务洽谈中，座次安排是重要的礼仪规范体现，它的排序要依据会场环境而而定，一般可分为横桌式和竖桌式。

横桌式即会谈桌在谈判厅里是桌子的长边对着门摆放；竖桌式即会谈桌在谈判厅里桌子的短边对着门摆放。

会谈桌横放时，面门的一方为上，应属于客方，背对正门的一方为下，应属于主方。

会谈桌竖放时，应以进门的方向为参照，右侧为上，应属于客方，左侧为下，应属于主方。

双方首席中间就座，译员在其右，其余遵右高左低原则分坐主谈两侧。

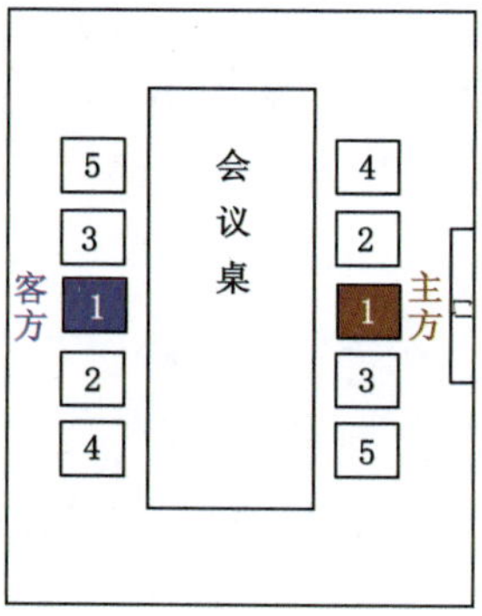

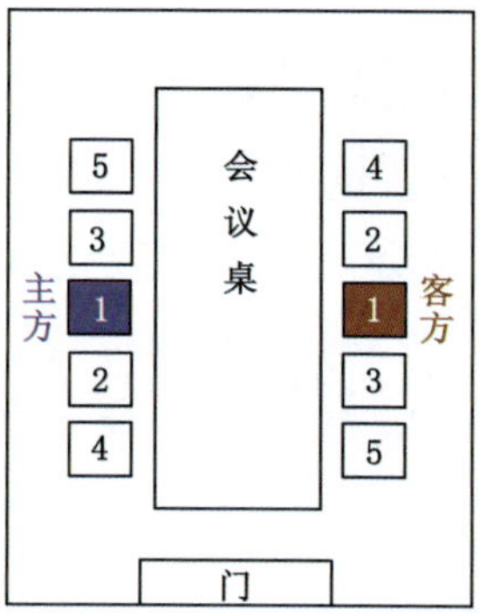

实务训练

阅读下列背景资料，完成实务训练。

1．背景描述

A贸易公司与某大型企业集团进行有关机器出口的业务洽谈，洽谈地点准备安排在A公司的会议室。主客双方主要参与人员各5人。为此主方A公司要为此次洽谈做一个详细的安排。

2．要求：

（1）针对上述背景资料结合本单元知识点，设计洽谈场景，分组进行角色模拟，做出主客方的座次安排。

(2) 说明出席上述商务洽谈应注意哪些礼仪规范。

单元测试

1．我中方代表团赴韩国某公司进行商务洽谈，其小型会议室如图，请示意中韩双方的位次和国旗的摆放位置。

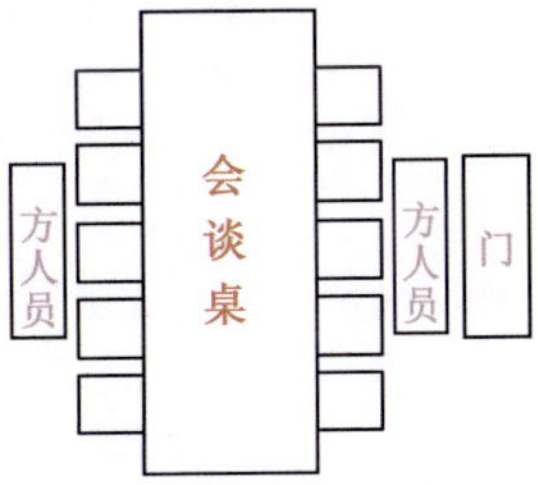

2．商务洽谈中，座次排列是重要的礼仪规范体现，它的排定要依据会场的设置，一般可分为________和________。

3．会谈桌竖放时，应以进门的方向为参照，________侧为上，应属于______，______为下，应属于______。

4．横桌式洽谈时，除双方主谈者居中就座外，各方的其他人士则应依其具体身份的高低，各自按(　　)的顺序分别在己方一侧就座。

A．先左后右　自低而高

B．先左后右　自高而低

C．先右后左　自高而低

D．先右后左　自低而高

5．一般而言，洽谈的礼仪重点涉及(　　)等方面。

A．参与洽谈的人员的礼仪

B．洽谈的座次

C．洽谈的技巧

单元16 签 约

单元引擎

7月15日是QZ电力公司与美国某公司正式签字的日子。签字仪式的现场设在QZ电力公司总部十楼的大会议室；办公室主任陈程指挥工作人员在会议室摆放了鲜花，长方形签字桌上铺设了深绿色的台呢布，摆放了中美两国的国旗，美国国旗放在签字桌左侧，中国国旗放在右侧，签字文本一式两份放在黑色塑料文件夹内，签字笔、吸墨器等文具分别放置在两边，空调温度控制在20℃……觉得一切具备，他请办公室林秘书通知董事长、总经理等我方签字人员在会议室等待，自己信心满满地到楼下准备迎接客商……

您认为陈主任安排得是否妥当？

本单元关键技能点主要有签字仪式流程、签字文本的准备、签字厅的布置、签字厅的座次安排等。通过本单元的学习，学习者能够了解签字活动的基本流程，学会签字仪式中基本的礼仪规范，以免在常见的商务活动场合失仪失礼。

知书达“礼”

一、签字仪式一般流程

签字仪式是政府、部门、企业之间通过谈判，就政治、军事、经济、科技等某一领域相互关系，进行协议、条约、协定或公约的签订时举行的仪式。签字仪式有比较严格的程序及礼节规范，这不仅显示出签字仪式的正式、庄重、严肃，同时也表明双方对缔结条约的重视及对对方的尊重。

签字的流程一般包含草拟、准备和签字三个阶段。

二、签字仪式基本礼仪

（一）草拟阶段

该阶段要进行签字文本的准备。负责为签字仪式提供待签的合同文本的主方，应会同有关各方共同负责合同的定稿、校对、印刷、装订、盖章等工作。按常规，应为在合同上正式签字的有关各方，均提供一份待签的合同文本。必要时，还可再向各方提供一份副本。

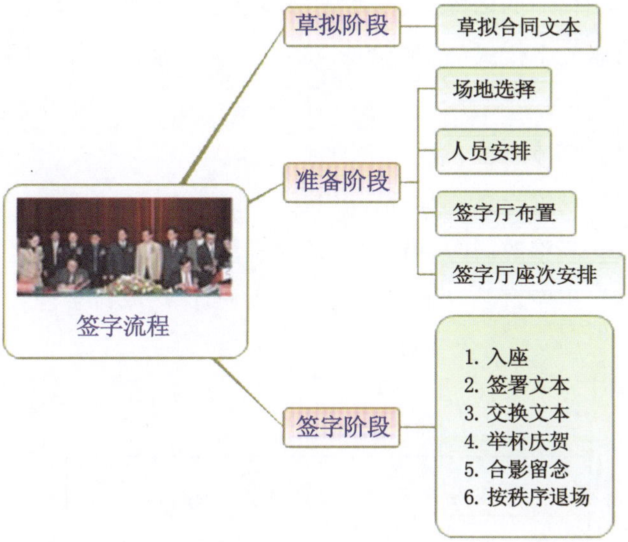

签署涉外商务合同时，比照国际惯例，待签的合同文本，应同时使用有关各方法定的官方语言，或是使用国际上通行的英文、法文。此外，亦可同时并用有关各方法定的官方语言与英文或法文。

待签的合同文本，应以精美的白纸印制而成，按大八开(295厘米×440厘米)的规格装订成册，并以高档材料，如真皮、金属、软木等作为其封面。

（二）准备阶段

1. 场地选择

场地布置：客人所住的宾馆、饭店，或东道主的会客厅、洽谈室。

陈列物品：陈列各自保存的文本；签字时使用的签字笔、吸墨器；国际商务谈判协议的签字桌中间摆一个旗架，悬挂签字国双方的国旗。

2. 人员安排

签字者：可由谈判代表或具体部门负责人签，但双方签字人的身份应该大致对等。

助签人：参加签字的有关各方事先还应安排一名熟悉签字仪式详细程序的助签人，并商定好签字的有关细节。

出席签字仪式的领导及陪同人员：人数最好大体相同。

3. 签字厅布置

(1) 总体庄重、整洁、清净。

(2) 设置长桌，室内铺满地毯。

(3) 高雅的同时烘托欢快的氛围。

(4) 主席台及台下嘉宾座位要事先计算，安排合理数目。

4. 签字厅座次安排

(1) 双边签约。

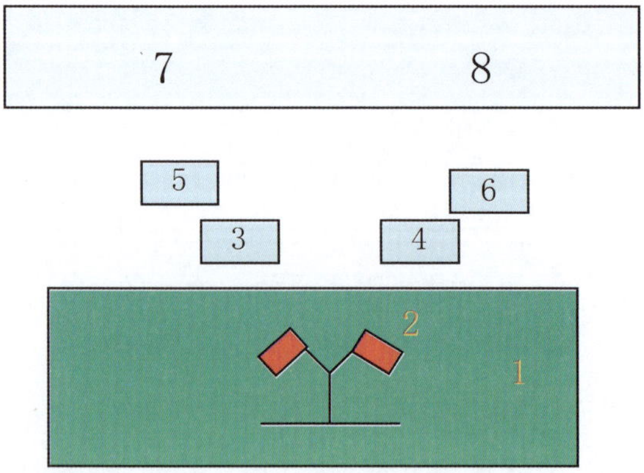

签字厅座次安排
1. 签字桌
2. 双方旗帜
3. 客方签字人
4. 主方签字人
5. 客方助签人
6. 主方助签人
7. 客方参加签字仪式人员
8. 主方参加签字仪式人员

(2) 多边签字。

多边签字时，只签 1 份正本。签字人员座次按国家英文名称首字母顺序排列。排列最前的国家居中，以下按顺序先右后左向两边排开。参加人员按身份高低从前向后就座。

(三) 签字阶段

这一阶段是双方最为关注的阶段，虽然签字仪式的时间不长，但它是合同、协议签署的高潮，其程序规范、庄重而热烈，所以参加签字的每一个人都要格外重视自己当时的仪表、仪态。

1．入座

按照惯例，签字者按照主居左、客居右的位置入座，其他陪同人员分主方、客方按身份顺序站立于后排，客方人员按身份由高到低从中向右边排，主方人员按身份高低由中向左边排。双方助签人分别站在己方签字者的外侧，协助翻揭文本，指明签字处，并为业已签署的文件吸墨。

2．签署文本

(1) 助签人员递上并翻开合同夹，指明合同签字的地方。

(2) 双方先在各自保存的文本上签字，然后与对方交换签字。(由助签人交换)

3．交换文本

双方签字人正式交换已经有关各方正式签署的文本，交换后各方签字人应热烈握手，互致祝贺，并相互交换各自方才使用过的签字笔，以志纪念。这时全场人员应该鼓掌，表示祝贺。

4．举杯庆贺合影留念

签字人当场干上一杯香槟酒是国际上通用的旨在增添喜庆色彩的做法。

签约双方以及到场重要嘉宾合影留念。

5．有秩序退场

安排到场人员退场，仪式后举办晚宴招待来宾。

实务训练

根据本单元学习内容，设计签约仪式脚本，分组(按主、客方)进行签字仪式的实务训练。

1．学员角色分配如下：

主方：签字代表1位，其他若干同学作为主方参加仪式代表。

客方：签字代表1位，其他若干同学作为客方参加仪式代表。

礼仪人员：助签人员2位；递送香槟2位。

2. 按照国际通行的签字仪式程序，从合同文本准备、进入仪式现场、开饮香槟庆祝到合影后退场，进行完整的流程模拟。

单元测试

1. 按照国际惯例，签字者按照主居________客居______的位置入座，对方其他陪同人员分主客两方按各自职位、身份高低为序，自______向______（客方）或自______向______（主方）排列站于各签字人之后。

2. 签字流程分一般分__________、__________和签字三个阶段。

3. 在签字阶段一般程序为入座、__________、__________、举杯庆贺、合影留念和__________。

单元17　通　联

单元引擎

记得早先少年时
大家诚诚恳恳
说一句是一句
清早上火车站，长街黑暗无行人
卖豆浆的小店冒着热气
从前的日色变得慢
车，马，邮件都慢
一生只够爱一个人
从前的锁也好看，钥匙精美有样子
你锁了，人家就懂了

体会木心先生这首《从前慢》中表达的昔日生活中人们沟通的美学意境；列举现代日常交友中常用网络沟通方式。

【扫描二维码欣赏歌曲《从前慢》】

通联礼仪是指人们进行通讯、联络时所应遵循的基本行为规范。随着现代社会的发展，人类通联的方式更为多样，既有传统的书信、电话，又可选择更为便捷的网络联通方式。熟悉现代社会通联方式，将为我们的社会生活带来诸多便利，遵守现代通联礼仪，合“礼”使用电子通信设备与网络社交工具是维持良好人际关系和社会和谐的重要前提。

知书达“礼”

一、电话使用基本礼仪

在日常生活中，电话是人们使用最多的电子通信设备。通过学习，同学们应能正确使用电话，掌握电话通话技巧，使自己的通话对象领会自己的善良和敬意,同时也影响到对方对自己的整体评价。

(一) 接听电话的礼仪

1. 接听电话的原则

接听电话要及时,一般在三声之内迅速接听。

(1) 微笑(站立),用敬语问好,注意语调和语速。

(2) 主动报单位、部门名称并介绍自己。

(3) 耐心为对方提供帮助。

如:“您好,我是××”或“您好!这里是××单位××部门,很高兴为您服务。”或“请问我能够为您做些什么?”等等。

2. 接听电话的技巧

(1) 接听电话时应认真聆听、应答、互动,忌吃东西,忌和他人讲话,忌不耐烦。

(2) 通话时一般不打断对方, 如确实有必要打断对方时,应说“对不起,打断一下”。

(3) 通话时如有他人过来,应点头致意;如果需与来人讲话,应讲“请您稍等”,然后捂住话筒,小声交谈。

(4) 对于自己不了解的人或事情不轻易表态,尤其是不要否定对方。

(5) 转接电话的礼仪。若对方要找的人在办公室,则说“请您稍等”; 若对方要找的人不在, 则询问是否需要留言或回电,将来电所托之事项记录在“电话留言便条”上,记录后复述内容,务必准确、全面。留言或转告要立即执行,以口头或以便条形式转达,不要随便将上司或同事的手机号码告诉他人。

(6) 电话机旁应备有纸、笔。按 5W+1H(Who、When、Where、Why、What、How)询问记录。

(7) 礼貌地结束通话。一般由打电话者或尊者先放电话。

(二) 拨打电话的礼仪

1. 拨打电话的时机与准备

(1) 时间与时机的选择得当。

打电话反映了一个人的素养和礼仪。在不合适的时间打电话，会比较容易受到排斥。因此，在选择打电话的时间时，要注意以下方面：

不要在他人休息的时间打电话，每天上午7点之前、晚上10点之后、午休和用餐时间都不宜打电话；另外，还要考虑对方所在地区的时差和工作时间的差异。

非公务电话应避免在对方的通话高峰和业务繁忙的时间内拨打。

（2）做好准备工作。

① 资料准备。

电话记录簿、记录笔、电话号码簿以及常用电话号码表。

② 核实信息。

要准确核查（或记下）通话对方的电话号码、联系地址、姓名。

③ 选择时间。

拨号之前，应想一下此时此刻与对方通话是否合适，在可能的情况下，就尽量选择在对方方便的时间通话。

④ 打好草稿。

内容重要的、数据复杂的、时间约定严格的电话，必须先打好草稿，经核对无误后，方可拨号。

⑤ 配备电话录音设备，对内容重要的电话要及时录下。

⑥ 注意选择接听电话人。根据电话内容的不同，注意确定接打电话人员。

2．拨打电话的礼貌

（1）电话接通后。

① 相识的人，简单问候后即谈主题。

② 不相识的人，先讲明自己的身份、目的，再谈问题。

③ 用“您好”“请”“谢谢”“对不起”等礼貌用语。

④ 表达全面、简明扼要。

⑤ 交谈中如有紧急事情需要处理，要礼貌告知对方，以免误会，未讲清的事情要再约时间并履行诺言。

（2）特殊情况处理。

① 如所找对象不在，应委托他人简明扼要说明缘由，主动

留言，留下联系方式和自己的姓名。

② 记住委托人的姓名、致谢。

(三) 手机使用注意事项

在公共场合，手机不用时，都要放在合乎礼仪的常规位置。

1．手机使用的场合

平时在会议中、洽谈业务时、餐桌上、飞机上，最好还是把手机调到振动状态或关掉，尤其在医院特定科室不要使用手机，以免影响电子设备的检查结果。

2．手机使用的一般注意事项

(1) 选择适合的手机铃声。

成熟的你要选择成熟的手机铃声，保证在生活中不会损害你的工作形象。

(2) 手机短信。

① 发短信一定要署名。

② 短信祝福一来一往足矣。

③ 重要电话可先用短信预约。

④ 及时删除不希望别人看到的短信。

⑤ 发短信时间不宜太晚：有些人觉得晚上 10 点以后不方便给对方打电话了，发个短信告知就行。短信虽然更加简便，但如果太晚，也一样会影响对方休息。

(3) 别滥用拍照功能。

不要滥用手机的拍照功能，在办公室拍照更要小心，以免影响同事之间的感情。

(4) 注意通话语气语调。

在公共场所使用手机应把音量压低。

生活中，文明使用手机不仅是对别人的尊重，也是自己有教养的体现。

二、网络通联基本礼仪

人们的生活越来越离不开网络，网络已经成为人们工作、学习、生活和娱乐的重要平台，也是真实的社会生活在虚拟世界的投影。真实世界需要礼仪和道德约束，网络世界也不例外。

网络通联礼仪是互联网使用者在网上对其他人应有的礼仪，它能够彰显个人的修养。

(一) 基本规范

1. 以人为本

给予来自五湖四海的人们一个共同的聚集地方，这是网络的优点，但往往也令使用者在电脑前忘了是在跟其他人打交道，行为也因此容易变得更粗鲁和无礼。因此网络礼仪的第一条就是以人为本，“记住人的存在”。

2. 理智相处

不管是使用论坛还是QQ群、微信群等聊天工具，人们共聚一起，意见总是会有分歧，矛盾总是存在的，争论是正常现象;但争论要心平气和，要以理服人，不要搞人身攻击。

3. 尊重他人

尊重他人是获得他人尊重的开端。因为网络的匿名性质，别人无法从你的外观来对你进行判断，因此你的一言一语就会成为别人对你印象的唯一判断标准。

所以现实生活中面对别人不能说、不该说的话在网上也不要说;注意用词和语法，不要故意挑衅和使用脏话;另外，亲切热情固然是好事，但如果对初次见面的人表现得过分亲切热情，也会令人难以接受，甚至会让人产生反感。

别人与你用电子邮件或QQ、微信等聊天工具私聊的记录应该是隐私一部分，不经别人同意不宜公开传播。

若不尊重他人隐私，不仅会破坏网络的行为规范，甚至有可能会触犯法律。

4. 自我保护

网络世界里面有着太多的未知因素。它为想象和创造提供广阔空间的同时，也给各种邪恶留下了可乘之机。

因此，在网络生活中应当时刻保持警惕，保护好自己的人身、财产和隐私安全。

5. 独善其身

网络上的色情、暴力、反动等不良内容，往往利用网民的猎奇心理来吸引注意。在面对此类内容时，应保持冷静和理智，自觉抵制网络上的不良内容,以免害人害己。

在网络上也有许多虚假的消息广泛传播,甚至有非法的内容大行其道。要增强辨识能力,不轻信,不传播。

(二) 电子邮件通则

电子邮件(electronic mail,简称 E-mail)是一种用电子手段提供信息交换的通信方式。

1. 主题

主题是接收者了解邮件的第一信息,因此要提纲挈领,使用有意义的主题行,这样可以让收件人迅速了解邮件内容并判断其重要性。

(1) 不宜空白标题,有失礼仪。

(2) 标题简洁,不宜冗长。

(3) 标题要反映文章的内容和重要性,不宜使用含义不清的标题。

2. 称呼与问候

(1) 恰当地称呼收件者。

邮件的开头要恰当地称呼收件人,这样既显得礼貌,也明确提醒某收件人,此邮件是面向他的,要求其给出必要的回应;如对方有职务,应按职务尊称,如“×经理”;如果不清楚职务,则应按通常的“×先生”“×女士”来称呼,但要确定性别。对级别高于自己的或不熟悉的人不宜直称其名。

(2) E-mail 开头结尾宜有问候语。

最简单的开头是“您好”;结尾常见的有“祝好”“秋安”“夏祺”等。

3. 正文

(1) E-mail 正文宜简明扼要,行文通顺。

正文应简明扼要,准确清晰地表达清楚事情。如具体内容确实很多,正文应只做摘要介绍,然后单独写个文件作为附件进行详细描述。

(2) 注意 E-mail 的论述语气。

根据收件人与自己的熟悉程度、等级关系,邮件是对内还是对外性质的不同,选择恰当的语气进行论述,以免引起对方不适。尊重对方,使用“请”“谢谢”等敬语。

(3) 避免拼写错误和错别字,注意使用拼写检查。

在邮件发送之前,务必仔细阅读一遍,检查行文是否通顺,拼写是否有错误。

(4) 合理利用图片、表格等形式来辅助阐述。

对于很多带有技术介绍或讨论性质的邮件,单纯以文字形式很难描述清楚,可以配合图表加以阐述。但商务信函应尽量避免使用表情符号,以免失礼。

4. 附件

(1) 如果邮件带有附件,应在正文里面提示收件人查看附件;正文应对附件内容做简要说明,包括说明附件的打开方式等。

(2) 附件应按内容以适当的意义命名,附件数目较多时应打包压缩成一个文件。

5. 结尾签名

每封邮件在结尾都应签名,这样对方可以清楚地知道发件人的信息。

(1) 签名信息不宜过多。

电子邮件消息末尾加上签名档是必要的。签名档可包括姓名、职务、公司、电话、传真、地址等信息,但信息不宜行数过多。你只需将一些必要信息放在上面,对方若需更详细的信息,自然会与你联系。

(2) 不要只用一个签名档。

对内、对私、对熟悉的客户等群体的邮件往来,签名档应该进行简化。过于正式的签名档会显得疏远。可设置多个签名档,灵活调用。

(3) 签名档文字。

签名档文字应选择与正文文字匹配的简体、繁体中文或英文,以免出现乱码。

6. 回复

收到他人的重要电子邮件后,即刻回复对方是必要的,这是对他人的尊重。理想的回复时间是 2 小时内,特别是对一些紧急重要的邮件。如你正在出差或休假,应设定自动回复功能,以免影响工作。

（三）QQ与微信

微信和QQ都是腾讯公司旗下的产品，两者都属于社交聊天工具,有很多共同之处。使用现代社交聊天工具也要遵守一定的礼仪规则。

(1) 发送信息要有适当的称呼以示尊重。

(2) 收到信息,尽量及时回复。

(3) 不宜未经他人许可在群内或朋友圈泄露他人信息和隐私。

(4) 朋友圈发帖要关注内容准确性，对自己发送的内容负责。

(5) 转发或分享他人朋友圈原帖,一般先点赞,并标明出处。

(6) 聊天不宜在工作时间和晚间，以免影响他人学习生活。

(7) 不宜在朋友圈刷屏影响他人。

（四）遵守互联网信息服务管理"七条底线"和"九不准"

1．七条底线

(1) 法律法规底线。

(2) 社会主义制度底线。

(3) 国家利益底线。

(4) 公民合法权益底线。

(5) 社会公共秩序底线。

(6) 道德风尚底线。

(7) 信息真实性底线。

2．九不准

(1) 反对宪法所规定的基本原则的。

(2) 危害国家安全,泄露国家秘密,颠覆国家政权,破坏国家统一的。

(3) 损害国家荣誉和利益的。

(4) 煽动民族仇恨、民族歧视,破坏民族团结的。

(5) 破坏国家宗教政策,宣扬邪教和封建迷信的。

(6) 散布谣言,扰乱社会秩序,破坏社会稳定的。

(7) 散布淫秽、色情、赌博、暴力、凶杀、恐怖或教唆犯罪的。

(8) 侮辱或诽谤他人,侵害他人合法权益的。

(9) 含有法律、行政法规禁止的其他内容的。

实务训练

一、分组结合实际工作或生活场景进行角色模拟，完成下列各项实务训练:

两人为一组,设定不同场景(如拨打电话、接听电话、转接电话等),进行电话礼仪模拟。

1. 上级来电布置接待任务;

2. 接到来电咨询业务;

3. 接到打错电话;

4. 办公时间朋友打来的电话;

5. 有电话找你的同事,同事不在;

6. 跟客户打电话到一半手机没电了。

二、结合生活工作实际,完成3000字网络“非礼”现象的调查报告。

三、通过本单元的学习，您一定对邮件的撰写及邮件交往过程中的礼仪有所了解:

1. 请您帮助乔林写一封邮件:

收件人:HD 公司采购经理马克;

内容:《新产品发布会会议通知》。

2. 列出撰写和发送该邮件的基本格式和规范。

单元测试

1．接电话的“三声”原则是什么意思？

2．早上9点打电话给德国的商务伙伴合适吗？为什么？

3．在你认同的观点后面打“√”；在否定的观点后面打“×”。

① E-mail 的开头和结尾最好有问候语。（ ）

② 通过邮件能看出一个人的处世态度。（ ）

③ 写电子邮件时尽量不用表情符号。（ ）

④ 发出商务邮件时要确认。（ ）

4．微信是一款____________工具。

本篇综合实务训练

一、阅读下列面试场景模拟资料，分组按背景资料设计面试场景完成实务训练。

1．背景资料：

卓林毕业于某名牌大学工商管理学院，毕业后参加了市公务员考试，通过了笔试，并被市财政局召见。进入市财政局大门之前，卓林将西服上装的扣子扣上（评 1），然后走到行政部门OG(office girl)面前……

卓林：我是××大学的应届毕业生，贵单位约我今天下午2:30（评 2）来面试，请问是在哪个房间？（OG 看到卓林拘谨的样子，窃笑）

OG：啊，是卓林吗？接待室在五层 501 室，吴先生负责接见……

卓林按照 OG 的指点，走到收发室旁边的电梯旁等待，习惯性地将手插入了裤子口袋（评 3），驼背显现出来。

卓林乘电梯登上了五层楼，来到接待室门外，已经有五人等在那里，脸上都流露出紧张的神情。有人在读知识性丛书，有人在不安地东张西望。卓林坐在一张沙发上，为了缓解紧张情绪掏出香烟点上一支（评 4），想想又灭掉。面试接待室总共三处，等候面试者按先后顺序被引领到室内应试。大约有三五个人聚在一起，议论着“你答得怎么样？”“有个问题……”他们好像是同学，结伴前来的（评 5）。

“××大学工商管理学院的卓林请到第二接待室！”OG 按照接待顺序叫道。

卓林：到！是第二接待室吗？谢谢。

已等候了 20 分钟的卓林听到 OG 叫自己的名字，响亮地回答了一声“到”，从沙发上站起来，深深地吸了一口气，然后走向接待室。在室外，他又一次整理了仪容，轻轻地叩了两下房门（评 6），室内传来了“请进”的招呼。“啊，开始了！”卓林在心底呼唤起来……

卓林振作精神，推开接待室的房门。接待室内坐着三位考官，他们的目光一齐落在卓林身上。卓林轻轻地点了点头，然后面向房门方向(评7)，将房门轻轻关上。

卓林：我是××大学工商管理学院毕业生卓林，请多关照(鞠躬)。

考官1：你是卓林吗？请在那儿坐。

按照考官1的指示，卓林坐到摆在接待室中央的那张椅子上，同时向考官1道声“谢谢”。卓林深坐在椅子上(评8)，努力摆正姿势，将手轻轻放在膝头，目光落在坐于中间的考官鼻子的高度(评9)……

考官1：我们随便聊聊，看上去你有点紧张啊(评10)？

卓林：是有点紧张，因为事关重大，所以……

考官1：你是××大学工商管理学院的毕业生啊！你在个人材料上讲，第一次高考成绩上了一本线，但没去上学，复读了一年后考上了××大学工商管理学院，你为什么要考工商管理学院？

卓林：想考××大学工商管理学院有两个原因：其一是该校学风正，有许多名教授；其二，我对工商管理兴趣较大。所以我宁可复读一年，也要考上××大学工商管理学院(评11)。

考官2(浏览卓林的求职书和成绩单)：噢，想当未来的MBA吧，可你的专业成绩好像不是很理想啊？

卓林微欠身体，目光转向问话者——考官2。

卓林：大学期间忙于“打工”(即：勤工俭学)是一个原因，另外，我的兴趣后来主要转移到了“流通经济论”，故对专业方面没太下功夫。

考官2：看成绩单你在“流通经济”方面，还是下了一些功夫的。请你简单地说说它的内容？

卓林：这门学科研究的主要内容是：在当今的流通产业中，随着高灵敏信息通信系统和附加价值通信网的发展，流通机制将发生××变化，我们应该这样适应这种变化……

卓林在不知不觉间，手离开了膝盖，舞动起来。紧张时往往容易出现各种小动作(评12)。

考官2：你对此好像是有一些研究。不过研究方面的问题需要较深的计算机方面的造诣，可从成绩单来看，你的计算机学习成绩不太好啊！(评 13)这是由于？

卓林：是不太好。主要是一、二年级时，经常外出“打工”，另外还参加了足球俱乐部，耽误了一些时间。不过进入三年级之后，我在这方面下了功夫，我“打工”的公司几乎都是与计算机有关的，这是我为他们工作的项目……(递过一张有关研究成果的证明)

考官 2：平时经常喝酒吗？(评 14)

卓林：很喜欢喝。但一般是和同学、朋友在一起时喝点儿啤酒和清酒。自己一个人的时候，从不喝酒。不过最近有一次喝醉了，半夜起来吐了几次，以后再不这样喝了……(卓林不好意思地笑，考官 2 点头表示理解)

考官 1：请谈谈你的长处。

卓林：我比较善于与人相处，这可能是在“打工”时逐渐养成的。无论是什么样性格的人，我都能很快地和他成为朋友。到欧洲旅游时，我同许多外国人交了朋友，没有一点不适应的地方。

考官 2：那么，再请你谈谈你的短处。

卓林：主要是大大咧咧，什么都不在乎。这是一个缺点，有时朋友们总说我。例如：有一次，我同一个朋友去吃饭，看到有一位男子独自在饮酒，我凑过去一问，原来竟是校友。他比我早五年毕业，于是就同他一起喝了起来，一直到很晚。最后，老校友替我结了账，还用出租车把我送回宿舍，朋友说我真是“脸皮厚”，嘿嘿……(评 15)

考官 1：再请问一下，你认为在今后的工作中，最重要的是什么？

卓林恢复到原来严肃的表情，郑重其事地思考了片刻(评 16)，然后回答。

卓林：最重要的是与人配合。无论是对朋友还是对其他人，都要以诚相待。许多事业上的失败都是与人际关系上的失败分不开的。我现在“打工”的那个公司，有的上司就是媚上欺下的人，结果业绩很糟糕，我今后决不能成为这样的人……

考官 1：好，今天谈到这里，请回去静候回音。今天辛苦了，再见。

卓林道谢(评 17)后退出,面试结束。

2. 对背景资料中标出的技能点进行点评。

二、阅读下列背景资料,完成综合实务训练。

王先生是国内一家大型外贸公司的总经理,为一批机械设备的出口事宜,携秘书韩小姐等若干人赶赴伊朗进行商务洽谈。

王先生一行在抵达伊朗的当天下午就到交易方的公司进行拜访,不料正巧遇上他们的祷告时间。主人示意他们稍作等候再进行会谈,以办事效率高而闻名的王先生对这样的安排表示不满,频频看手表。随后,东道主为表示对王先生一行的欢迎,特意举行了欢迎晚会。秘书韩小姐希望以简洁、时尚的服饰展示中国女性的精明、能干、美丽、大方,为此特意穿上白色无袖紧身上衣,下穿蓝色短裙,在众人略显异样的眼光中步入会场。为表示敬意,主人向每一位中国来宾递上饮料,惯用左手的韩小姐伸出左手接下饮料。

在接下来的会谈中,一向很有合作诚意的东道主没有再和他们进行任何实质性的会谈。这使王先生一行颇为不解。

1. 王先生一行的失礼之处(　　)

A. 对对方祷告很不耐烦　B. 韩小姐的紧身衣和短裙

C. 韩小姐左手接过饮料　D. 以上举动都是失礼的

2. 这则事例说明,在涉外交往中(　　)

A. 要尊重对方习俗　　B. 要灵活而有耐心

C. 要坚持平等相待　　D. 要懂得欣赏差异

第五篇
餐饮礼仪

中华饮食，源远流长。在这个自古讲究民以食为天的国度里，饮食礼仪自然成为饮食文化的一个重要组成部分。“在宴席上最让人开胃的就是主人的礼节。”本篇包含中餐礼仪和西餐礼仪，学习者通过学习可以了解中、西餐与自助餐的相关礼仪知识与操作规范，培养自身良好的礼仪素养，从而在各种形式的宴会上表现得庄重大方、彬彬有礼。

单元18　中　　餐

单元引擎

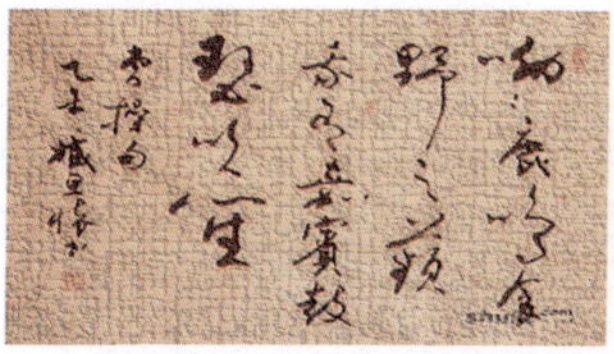 

这首古老的小诗曾唱响在杭州G20峰会上，以此来表达对各国来宾的欢迎之情。诗中描述了怎样的礼仪情景？

本单元主要知识点有中餐餐具的使用和座次排序及餐单安排等。通过对本单元的学习，学习者能够掌握中餐的一般礼仪规范，能够正确使用筷、碗、盘、餐巾等用具，熟悉常见的座位尊卑排序等，以免在餐座上失礼失仪。

知书达“礼”

中华饮食，源远流长。在这自古为礼仪之邦，讲究民以食为天的国度里，饮食礼仪自然成为饮食文化的一个重要部分。中国的饮食礼仪号称始于周公，千百年的演进，形成大家普遍接受的一套饮食进餐礼仪，是古代饮食礼制的继承和发展。

随着中西饮食文化的不断交流，中餐不仅是中国人的传统饮食习惯，还越来越受到外国人的青睐。而这种看似最平常不过的中式餐饮，用餐时的礼仪却是有一番讲究的。

一、餐具的使用

餐具	使用
	筷子：是中餐最主要的餐具。使用筷子，通常必须成双使用，不“品尝”筷子；不“跨放”筷子；不“插放”筷子；不“舞动”筷子；不“滥用”筷子。

续前表

餐具	使用
	匙：中餐里匙的主要作用是舀取菜肴和食物。有时，也可运用匙来辅助筷子取食；在用匙取食物时，不要舀取过满，以免溢出。舀取食物后，可在原处暂停片刻，等汤汁不会再往下流再移过来享用。
	碗：中餐中，主要盛放主食、羹汤之用。 进餐时注意不要双手端碗进食、不宜直接以嘴吸食、不用时也不要把碗倒扣过来放在餐桌上。
	盘、碟：盘子使用的讲究与碗略同。盘子在餐桌上一般应保持原位。食碟不要一次取放过多菜肴、不宜将多种菜肴堆放一起；不宜入口的骨、刺等不要吐在地上、桌上，而应将其放在食碟前端，必要时由侍者更换。
	湿毛巾：比较讲究的中餐用餐前，会为用餐者送上一块湿毛巾用来擦手；擦手后放回盘子里由服务员拿走。宴会结束前会再送上一块湿毛巾，和前者不同，它只能用来擦嘴。
	水杯：主要用来盛放清水、汽水、果汁、可乐等软饮料时使用。不要用它来盛酒；不要倒扣水杯。
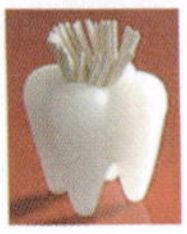	牙签：不要当众剔牙。非剔不行时，用另一只手掩住口部，不要随口乱吐。剔牙后，不要叼着牙签，更不要用来扎取食物。

二、就餐基本礼仪

（一）宴请种类及形式

宴请由于目的不同、出席成员不同、投入成本不同，产生了许多不同的形式。宴请可以是隆重的大型国宴，也可以是AA制的朋友聚会，一般可分为以下几种：宴会、招待会、茶会、工作餐等。

(二) 餐饮礼仪的基本原则

1．“五 M”原则

“五 M”是 5 个以 M 为字头的单词，即菜单(Menu)、约会

(Meeting)、举止(Manner)、环境(Mode)和费用(Money)。“五 M”原则指在安排宴请或者自己参加餐饮活动时,必须优先对菜单(宴请菜品)、约会(约会的具体时间和对象)、举止、环境、费用等五个方面的问题加以高度重视,并力求使自己在这些方面的所作所为符合律己、敬人的行为规范。

2. 餐饮适量的原则

在餐饮活动中,不论活动的规模、参与人数、用餐的档次,还是宴请的具体数量,都要量力而行。务求要从实际的需要和实际能力出发,进行力所能及的安排。切忌虚荣、炫耀、攀比、铺张浪费、暴殄天物。从根本上讲,餐饮适量的原则所提倡的,是厉行节约、反腐倡廉的风气;是做人务实、不图虚荣的境界。

3. 照顾他人的原则

不论是以主人的身份款待客人,还是陪同他人一道赴宴,都应在两厢情愿的前提下,悉心照料在场的其他人士。

“学会照顾他人”应当是一条极为重要的礼仪规则,同时,这也是一个人修养、层次和品位的体现。

4. 客不责主的原则

身为客人时,对主人为之安排的餐饮只宜接受,不宜随意评论、非议,尤其是不允许寻衅滋事,借题发挥。

5. 突出特色的原则

负责为他人安排餐饮时,在条件允许的前提下,应努力突出国家特色、地方特色、民族特色,使对方通过享用饮食来“品尝”文化。

(三) 桌次排序

在中餐宴请活动中,一般采用圆桌布置菜肴、酒水。排列圆桌的尊卑次序,有两种情况。

1. 小型宴请

小型宴请一般由两桌组成,可以分为两桌横排和两桌竖排的形式。当两桌横排时,桌次是以右为尊,以左为卑。右和左是以面对正门的位置来确定的。当两桌竖排时,桌次讲究以远为上,以近为下。远近是以距离正门的远近而言的。

2．大型宴请

由三桌或三桌以上的桌数所组成的宴请是大型宴请。在安排多桌宴请的桌次时，除了要注意“面门定位”“以右为尊”“以远为上”等规则外，还应兼顾其他各桌距离主桌的远近。通常，距离主桌越近，桌次越高；距离主桌越远，桌次越低。

在安排桌次时，所用餐桌的大小、形状要基本一致。除主桌可以略大外，其他餐桌都不要过大或过小。

为了确保在宴请时赴宴者能及时、准确地找到自己所在的桌次，可以在请柬上注明对方所在的桌次，在宴会厅入口悬挂宴会桌次排列示意图，安排引位员引导来宾按桌就座，或者在每张餐桌上摆放桌次牌(用阿拉伯数字书写)。

(四) 席次排序

中国人一贯重视“席次”。《礼记》中讲“天地位焉”，意即天地万物各有其位，马虎不得。人与人之间上下前后左右的不同位置，反映了不同的身份、地位、级别，关系到某一社会、某个团体对一个人价值的肯定与否，是其个人价值的体现，也表现了社会对其个人地位的尊重。

1．中餐宴会席次排序方法

中餐宴会席次的确定主要有六种方法可循：

(1) 面门为上：依照礼仪惯例，以正对门的，离门最远的为首位，离门最近的背靠门的为末位。

(2) 以近为上：在同一桌上，席位高低以离首位远近而定，近者高，远者低。

(3) 以右为上：当两人并排就座，或在同一桌上距离首位相等的席次，排列次序以右为尊，以左为卑。

(4) 居中为上：三人一同就座用餐时，居于中座者在位次上要高于在其两侧就座之人。

(5) 观景为上：在一些高档餐厅用餐时，在餐室内外往往有优美的景致或高雅的演出可供用餐者观赏，此时应以观赏角度最佳之处为上座。

(6) 靠墙为上：在某些中低档餐馆用餐时，为了防止过往侍者和食客的干扰常以靠墙之位为上座，以靠过道之位为下座。

2. 依主人情况不同排序

(1) 单主人宴请时的席次排序。

以主人为中心，主方其余座位和客方座位各自按“以右为尊”原则以之字线排列，做到主客相间。

(2) 男女主人共同宴请时的席次排序。

男女主人共同宴请时的排序方法是一种主副相对、以右为尊的排列。男主人坐上席，女主人位于男主人的对面。宾客通常随男女主人，按右高左低顺序依次对角飞线排列，同时要做到主客相间。国际惯例是男主宾安排在女主人右侧，女主宾安排在男主人右侧。

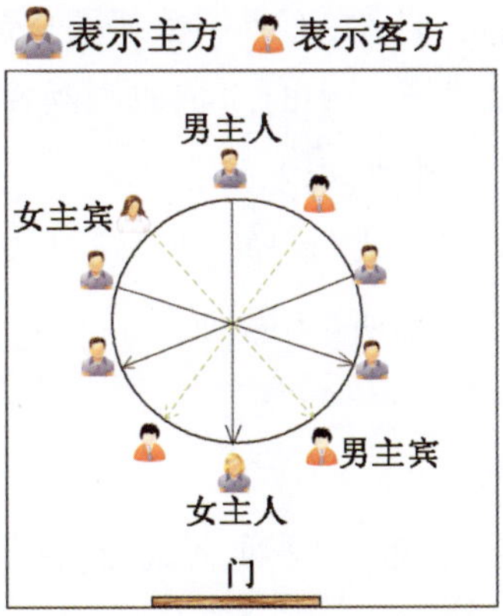

(3) 同性别双主人宴请时的席次排序。

第一、第二主人均为同性别人士或正式场合下宴请时用的方法，是一种主副相对、按“以右为尊”的原则依次按顺时针排列的席次，同时要做到主客相间。

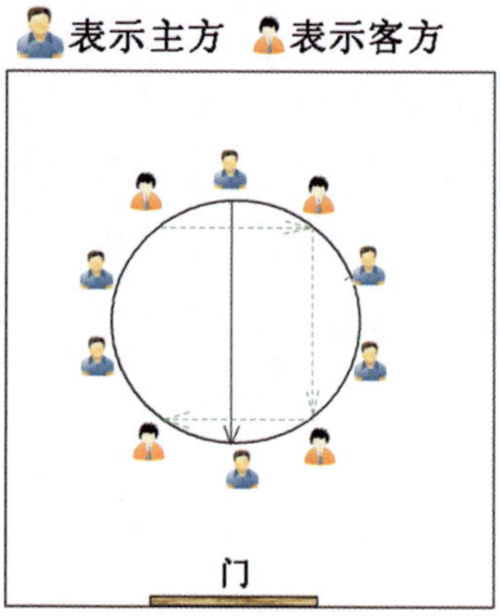

（五）赴宴就餐礼仪

1．进餐前礼仪

(1) 适度修饰：要保持整洁、优雅、个性化。

(2) 准点到场：按时出席宴请是最基本的礼貌。应正点或提前 2~5 分钟抵达。过早到达的话，人家还在做准备工作，也不礼貌。

(3) 各就各位：按指定桌次、席次就座；应邀出席宴请活动，应听从主人安排。若是宴会，进入宴会厅之前，先了解自己的桌次和席次。入座时注意桌上座位卡是否写有自己的名字，不可随意入座。如邻座是年长者或女士，应主动协助他们先坐下。入座后坐姿要端正、自然，不要用手托腮或将双臂肘放在桌上，或将手放在邻座椅背上。坐时应把双脚踏在本人座位下，不要任意伸直或两腿不停抖动，影响他人。

(4) 积极交际：问候主人，联络老朋友，结识新朋友。

(5) 倾听致辞：洗耳恭听、不喧哗。

2．进餐时礼仪

(1) 保持良好仪态。

进餐时不坏吃相，忌狼吞虎咽，吃东西时应闭着嘴细嚼慢咽，尽量不发出声音；忌嘴里有食物说话；忌主动为他人布菜；吃剩的菜、用过的餐具、牙签及骨刺等都要放入骨盘内，忌随意乱扔；女士不在餐桌旁补妆。

(2) 席间交谈：参加宴会少不了与同桌人交谈，特别是左右邻座。互不认识的可先做自我介绍。与近旁的人谈话，声音不要太高,话题选择要适当,不要打听别人的谈话内容。不谈不合时宜的话题，一般餐桌上不谈政治、宗教、年龄、收入等敏感问题。

(3) 敬酒礼仪。

敬酒需了解宴会的性质，以便使敬酒辞不失高雅而具有针对性。碰杯时主人和主宾先碰,人多时可同时举杯示意;敬酒时不可交叉碰杯;碰杯时要注视对方,以示敬重友好。

宴会上可相互敬酒,显示热烈的气氛,但切忌饮酒过量。一般应控制在本人酒量的三分之一以内,不可饮酒过量失言失态。不能喝酒时可礼貌地声明，但不可把杯子倒置，应轻轻按着杯缘。

去其他桌敬酒，应只端一个酒杯，敬酒时站在被敬人的右侧。不要太长时间打扰他人进餐。用餐时敬酒不劝酒。不可无节制地酗酒。

3．告辞与致谢

在正式宴会上,一般在吃水果后宴会即结束。国宴时长一小时四十分钟,其他宴请也可参照此时间,工作餐时间不宜过长。

宴会结束时一般先由主人向主宾示意,然后从座位上站起,这是请全体起立的信号。家宴一般以女主人的行动为准,女主人先邀请女主宾离席退出宴会厅,大家跟随离席。告辞时,应礼貌地同主人握手道谢,再与其他人告别。

实务训练

阅读背景资料,完成实务训练

乔林是软件工程专业研究生,毕业不久出任ST公司开发部部长,业务出色。今天他受邀出席一个行业协会在中餐厅举办的宴会。刚进入职场的乔林请您为他设计出席中餐宴会的礼仪清单,以免宴会上失礼。

赴宴前	1. 2. 3.
赴宴中	1. 2. 3.
赴宴后	1. 2. 3.
其　他	1. 2. 3.

单元测试

1．日常进餐礼仪中,规范的行为是(　　)。

A．宾主相聚,客人先动筷　B．就近夹菜

C．多食自己喜欢的菜　D．骨刺吐于骨碟或地上

2．中式餐饮的特点主要从(　　)方面体现。

A．饮食结构　B．进餐方式

C．烹调特色　D．饮食习惯

3．宴请的菜谱安排应考虑(　　)因素。

A．主宾的口味与喜好　B．饮食禁忌

C．经费的预算　D．职位的高低与年龄

4．餐宴时交谈的合适话题是(　　)。

A．大家感兴趣的　B．轻松愉快的

C．政治方面的　D．宗教方面的

5．不要在酒宴上评论或附和别人对某人的议论，但可评论菜肴的优劣。(　　)

A．正确　B．错误

单元19 西 餐

单元引擎

ST公司项目经理李卓去广州与公司合作伙伴会面，当晚对方热情地在高档西餐厅设宴招待。李卓平时虽然商务应酬较多，但并没有去过这么正式的西餐厅。请您为李卓列出出席这次西餐晚宴的礼仪清单。

本单元主要知识点包含西餐餐具使用、上菜次序及配餐酒水、座次排序等。通过本单元学习，学习者能够正确使用餐具，掌握基本西餐礼仪规则，以免在正式的西餐宴请中失礼失仪。

知书达“礼”

西餐是对西式饭菜的一种约定俗成的统称。在国人眼里，西餐与中餐除了在口味上有所区别外，还有两个鲜明的特点：一是有情调和气氛，二是以刀叉取食。

根据社交礼仪的规范，要吃好西餐，并且不失风度，就必须对西餐的座次、菜序、餐具、就餐礼仪等各个方面有一定程度的了解。(只要不为先，一般不露怯)

一、餐具的使用

西方人习惯使用的餐具是刀叉，不同餐具有不同用途。当我们吃西餐时，就应该了解和遵循西方人的礼仪规范。

(一) 西餐餐具的摆法

西餐餐具主要有刀、叉、匙、盘等。

刀分食用刀、鱼刀、奶油刀、水果刀等；叉分食用叉、鱼叉、肉叉、龙虾叉；匙有汤匙、甜食匙、茶匙等。

盘则有大小不同的菜盘、汤盘、垫底盘、面包盘等。

酒杯则分为葡萄酒杯、香槟酒杯、烈性酒杯、啤酒杯等。

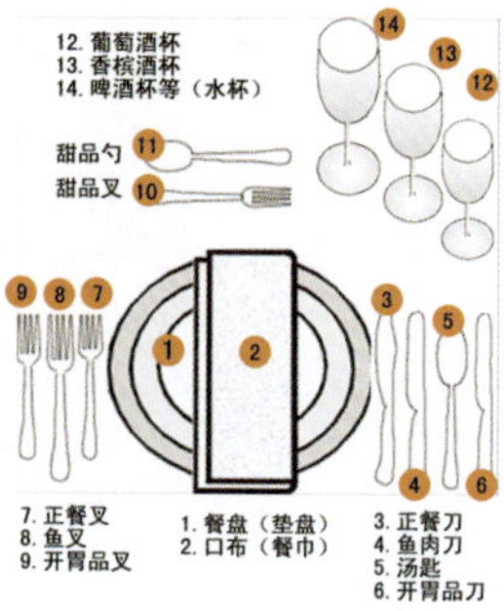

西餐餐具一般在开餐前都已在餐桌上摆好。

正式宴会的摆法一般是：

座位前正面放垫底盘，左叉，右刀、匙。左右侧最外边的刀叉是餐前食用刀叉，中间的刀叉是吃鱼用的刀叉，靠里边的刀叉是吃肉菜用的刀叉。它们都纵向放置在就餐者垫底盘的两侧，分别离桌缘1~2厘米。这些刀叉的摆放顺序，从外向里取用，正与上菜的顺序一致。吃甜品用的刀叉，一般在最后使用，被横向摆放在垫底盘的正上方。垫底盘上方放甜食匙，再往前略靠右放酒杯，右起依次为葡萄酒杯、香槟酒杯、啤酒杯(水杯)。餐巾叠成花样插在水杯内。面包盘置于叉子左侧约1~2厘米处，离桌缘3~4厘米。此外，在座位左上方有一玻璃碗或金属水盂，盛有清水，有时还撒有花瓣，是供洗手用的，洗手时把手指轻涮一下即可。一般饭店吃西餐只备两把叉、一把刀、一把匙。

（二）西餐餐具的用法

吃西餐使用的餐具有刀、叉、匙、盘、杯等。一般讲究吃不同的菜要用不同的刀叉，饮不同的酒也要用不同的酒杯，因此不要不懂装懂，跟着主人去做一般不会有错。

餐　具	使　用
	刀叉，是餐刀餐叉的统称，可单独使用，更多情况是配合使用。学习刀叉的使用，主要掌握刀叉的区别及使用、刀叉摆放的暗示等。 左叉右刀，刀口向内叉齿向下，呈“人”字形摆放在餐盘上，含义是此菜尚未用毕。 刀口向内叉齿向上，左叉右刀并排纵放、刀上叉下并排横放在餐盘上，含义是侍者可收掉。
	匙：匙是用于取汤的。取汤时，用左手轻扶盘边，右手握匙，匙由内向外舀。喝汤不要出声；用完后把汤匙搁在盘上，匙柄朝右，匙心朝上。

续前表

餐　具	使　用
	餐巾：主要用于防止食物玷污衣服，擦拭嘴和手指的油渍。暂时离席时，许多人会把餐巾叠好放在椅子上，这种处理方式并没有错，因为餐巾摆放在桌上容易被误会已经离席。其实，最理想的方式是用盘子或刀子压住餐巾的一角，让它从桌沿垂下，当然脏的那一面朝内侧才雅观。

二、就餐基本礼仪

(一) 西餐座次安排

西餐席位的排列次序事关是否符合礼仪，不可马虎了事。

1．排位的原则

在绝大多数情况下，排位时要考虑下面的原则。

(1) 女士优先。

一般女主人为第一主人，在主位就座，而男主人为第二主人，坐在第二主人的位置上。

(2) 距离定位。

距主位近的位置要高于距主位远的位置。

(3) 以右为尊。

男主宾要排在女主人的右侧，女主宾要排在男主人右侧，按此原则，依次排列。

(4) 面门为上。

面对餐厅正门的位子要高于背对餐厅正门的位子。

(5) 交叉排列。

即男女应当交叉排列，熟人与生人也应当交叉排列，一个就餐者的对面和两侧往往是异性或不熟悉的人，这样可以扩大交友面。

2．席位的具体排列

(1) 长桌的排列。

一般有如下几种情况：

一是男女主人在长桌的中央相对而坐，餐桌的两端可以坐人，也可以不坐人；

二是男女主人分别坐在长桌的两端；

三是用餐人数较多时，可以把长桌并成其他形状用餐。

(2) 方桌的排列。

方桌排列位次时，男女主宾相对而坐，就座于餐桌四面的人数应相等，并使男女主人及其他人各自与自己的配偶或恋人坐成斜对角。

(二) 西餐餐序及酒水

1．西餐的餐序

餐序就是点菜、吃菜的具体顺序。西餐大体上分为正餐和便餐两种类别。

西餐正餐的上菜顺序既复杂多样，又非常讲究，一般由"一主六配"构成。按上菜的顺序，吃什么菜用什么餐具，喝什么酒用什么酒杯。内容完整的正餐，一般要吃上一两个小时。一般来讲，正餐有这么几道菜：

菜　品	描　述
	头盘： 西餐的第一道菜是头盘也称开胃品。一般有冷头盘或热头盘之分，常见的有鱼子酱、鹅肝酱、鸡尾杯、奶油鸡酥盒、焗蜗牛等。头盘的基本特点是比较爽口，且量少质高，意在助你开胃，是西餐的前奏。
	汤： 西餐的汤大致可分为清汤、奶油汤、蔬菜汤和冷汤等。品种有牛尾清汤、各式奶油汤、海鲜汤、意式蔬菜汤、俄式罗宋汤、法式焗葱头汤。冷汤的品种较少，有德式冷汤、俄式冷汤等。
	副菜： 品种包括淡、海水鱼类、贝类等。因其菜肴肉质鲜嫩，易消化，所以放在肉类菜肴前。西餐吃鱼类菜肴讲究使用专用的调味汁。
	主菜： 肉、禽类菜肴称为主菜。肉类菜肴的原料取自牛、羊、猪、小牛仔等各个部位的肉，其中最有代表性的是牛肉或牛排，其烹调方法常用烤、煎、铁扒等。禽类菜肴原料一般取自鸡、鸭、鹅，常见的有山鸡、火鸡等，可煮、炸、烤、焖。 主菜食用时讲究使用专用的调味汁。

牛排按其部位可分为沙朗牛排、菲利牛排、"T"骨牛排、薄牛排等。

西餐中牛排生熟：

带血牛肉：表面稍有焦黄色，当中完全鲜红生肉状态；

三成熟：汁水较多；

五成熟：肉中心为粉红色；

七成熟：表面焦黄，中心已熟七、八分。

全熟：为咖啡色乃至焦黄程度，在法国几乎没人会点这种牛排。

续前表

菜 品	描 述
	蔬菜类： 蔬菜类菜肴在西餐中称为沙拉。一般安排在肉类菜肴之后。与主菜同时搭配的沙拉，称为生蔬菜沙拉，一般用生菜、番茄、黄瓜等制作；沙拉有一类用鱼、肉、蛋类制作，一般不加味汁，进餐顺序上也可作为头盘。熟食蔬菜通常与主菜的肉食类菜肴一同摆放在餐盘中上桌，称为配菜。
	甜品： 西餐的甜品是主菜后食用的，从真正意义上讲，它包括所有主菜后的食物，包括布丁、冰激凌、水果、坚果、鲜果、炸薯条、三明治、曲奇饼、烤饼，等等。
	热饮： 热饮包括咖啡或红茶等。根据自己的嗜好决定咖啡是否加糖和奶，茶是否加香桃片和糖。

2．配餐酒水

在西餐宴请中，酒的搭配是比较规范的，每一道菜会配不同的酒，所以，对酒要有适当的了解，才不至于失礼。

(1) 餐前酒。

餐前酒又称开胃酒，通常在宴会前半个小时左右由主人招待。一般有威士忌(Whisky)、马提尼(Martini)、雪莉(Sherry)、杜松子酒(Gin)、伏特加(Vodka)等系列。国内宴请中，也会用啤酒、果汁、饮料等替代。

(2) 餐中酒。

按照国内的习俗，任何酒都可以当作席上酒，但在正式的西餐中，席上酒仅限于葡萄酒。

白葡萄酒：具有一定的酸味，可以去腥，所以，一般配鱼类、海鲜、虾等肉质比较细嫩的肉类饮用。

白葡萄酒的酒精含量为10~14度，温度一般保持在4.4 ℃~10 ℃，饮用前一般先冰凉后再使用，饮用时无须再加冰块。

红葡萄酒：味带苦涩，可去油腻，配合肉质纤维较粗的牛肉、羊肉、猪肉等饮用。温度应保持在18 ℃~21 ℃，其酒精含量与白葡萄酒大致相同。

香槟酒:是在最后一道菜或点心、甜点、水果后上桌。温度应保持在4.4 ℃~7.2 ℃,酒精含量在10~15度。启用方法比较特殊,一般会请有经验的服务员开启。服务员在斟酒时,酒瓶应该以餐巾包裹。

(3) 餐后酒。

用餐完毕后,在上咖啡或茶时,即可以用餐后酒来化解油腻。餐后酒一般有白兰地(Brandy)等。

(4) 酒与酒杯。

每一种酒需要配置一个不同的酒杯。

酒杯通常摆放在主菜盘的右上方,按使用的顺序从右到左摆放,有时也会从左到右摆放。使用时,主要看服务员往哪个酒杯里倒酒,你就拿哪个酒杯喝酒。另外,西餐饮酒,无论是别人敬酒还是自己喝酒,都是浅尝辄止即可,不宜大口干杯。

(5) 西餐食用细节。

食　品	方　法
	面包和黄油: 把面包掰成小块,抹一块吃一块。 三明治: 小三明治和烤面包用手拿着吃;大的吃前先切开,配卤汁吃,热三明治需用刀叉。
	肉类: 一般用刀叉把肉切成小块(有骨的肉先沿骨头插入把肉分开),刚好一口,边切边吃。吃鱼时不宜把鱼翻身,吃完上层后用刀叉剔掉鱼骨再吃下层。
	沙拉: 若是盘装的沙拉就使用沙拉叉;若是作为主配菜的则要使用主菜叉来吃。
	意大利面: 一般用叉子卷起面条,送入口中;也可用勺和叉配合吃,不宜直接用嘴吸。
	蛋糕、西饼用叉子;冰淇淋、布丁等用甜品勺;水果如梨、苹果一般刀叉配合先分成4块再去皮食用;香蕉则刀叉配合剥皮,切段食用。

实务训练

一、扫描二维码观看视频 36 秒~1 分 36 秒处，完成实务训练。

【扫码观看视频相关内容】

某公司经理艾玛邀请客户乔林吃饭，秘书小美安排在一家西餐厅并陪同艾玛和客人赴宴。

小美

乔林　　艾玛

1．找出视频 36 秒~1 分 36 秒中失礼之处，并用本单元知识点加以分析点评。

2．西餐用餐前，餐巾应怎样放置并说明西餐的作用。

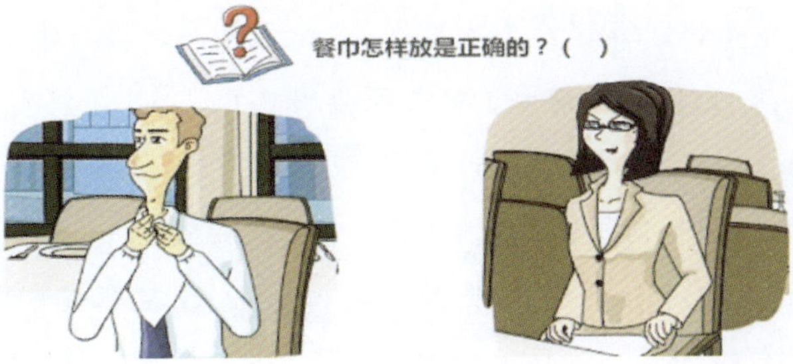

二、阅读下列背景资料，完成实务训练。

1．背景描述：

KF 公司为迎接加拿大 5 人参观团，在西餐厅设宴招待参观团一行，预计，澳方 5 人，中方 5 人。

2．实务训练要求：

（1）按背景描述分组完成西餐礼仪情景设计，并分角色模拟。可建议将活动过程拍摄照片或视频片段，进行回放点评。

（2）画出座次安排示意图。

（3）使用餐具时需要注意什么？

单元测试

1．西餐正餐一般有哪几道菜？

2．西餐礼仪中白葡萄酒一般__________肉类使用。

3．西餐餐具主要有_____、______、______、_____等。

4．乔林和同事相约去吃西餐，这是他第一次去正规的西餐厅吃西餐，为此他专门查询了有关西餐用餐礼仪。他了解到，如果餐盘中的食物没有吃完而临时离开，应这样摆放刀叉：（　　）

A．叉齿向下，刀背向外，呈八字放在餐盘中

B．叉齿向下，刀背向外，将刀叉水平摆放在餐盘中

C．叉齿向上，刀背向内，将刀叉水平摆放在餐盘中

D．叉齿向上，刀背向内，呈八字放在餐盘中

5．西餐进餐过程中临时离开餐桌，餐巾应如何摆放？

本篇综合实务训练

一、阅读下例背景资料，完成实务训练。

1．背景描述：

ST集团为接待韩方客户举办了一次中餐宴会，参加宴会的有主人、主宾，及双方陪同各3人。

2．要求：

(1) 为主宾双方正确排出位次，画出座次示意图。

(2) 为宴会安排菜单时应注意考虑哪些元素？

3．按学习小组分角色扮演中韩双方代表和宴请中的服务人员，运用所学的中餐宴请的相关知识完成上述单元。建议拍摄照片或视频片回放、点评。

4．总结餐前、餐中及餐后应注意哪些礼节。

二、请按照下表逐项检测自己就餐时的表现。

检验项目	自我评估	改进方案
1. 文明夹菜	尚未做到 □ 基本做到 □ 做得很好 □	
2. 细嚼慢咽	尚未做到 □ 基本做到 □ 做得很好 □	

续前表

检验项目	自我评估	改进方案
3. 不挑食	尚未做到 □ 基本做到 □ 做得很好 □	
4. 用餐动作文雅不破坏吃相	尚未做到 □ 基本做到 □ 做得很好 □	
5. 咀嚼时闭嘴不发出声音	尚未做到 □ 基本做到 □ 做得很好 □	
6. 用餐结束后用餐巾擦嘴	尚未做到 □ 基本做到 □ 做得很好 □	
7. 当自己有事时，悄悄离席	从不 □ 有时 □ 经常 □	
8. 吃自助餐时一次将餐盘装满	从不 □ 有时 □ 经常 □	
9. 和客户吃饭时不断打电话	从不 □ 有时 □ 经常 □	
10. 吃西餐时用餐巾纸擦餐具	从不 □ 有时 □ 经常 □	

结果分析：

1~7 选择尚未做到得 1 分，选择基本做到得 2 分，选择做得很好得 3 分；8~10 选择经常得 1 分，选择有时得 2 分，选择从不得 3 分。

10~15 分，您对餐饮礼仪规则还了解不够；

16~25 分，您对餐饮礼仪规则有基本了解；

26~30 分，您在餐饮礼仪规则的应用方面做得较好。

附 录

附录1 关于在全省开展未成年人文明礼仪养成教育的意见

苏文明委〔2014〕3号

为推动全省未成年人思想道德建设与江苏经济社会发展水平相协调、与“两个率先”进程相适应，促进江苏人的现代化，形成未成年人爱学习、爱劳动、爱祖国活动的有效形式和长效机制，引导未成年人崇德向善、崇尚文明，现就在全省开展未成年人文明礼仪养成教育，提出如下意见。

一、指导思想

高举中国特色社会主义伟大旗帜，以邓小平理论、“三个代表”重要思想、科学发展观为指导，深入贯彻党的十八大和十八届三中全会精神，全面落实中共中央、国务院《关于进一步加强和改进未成年人思想道德建设的若干意见》（中发〔2004〕8号）和中共中央办公厅《关于培育和践行社会主义核心价值观的意见》（中办发〔2013〕24号）要求，坚持把立德树人作为根本任务，遵循未成年人身心特点和成长规律，依托学校、家庭、社会三大成长空间，突出基本文明礼仪养成教育，融入“爱、善、诚、勤、俭、美”六种理念和价值取向，引导未成年人从小做起，学礼仪、知礼仪、行礼仪，努力成为品德高尚、富有理想、文明有礼、快乐健康、全面发展的新一代江苏人。

二、目标要求

1．总体要求

——引导学校、家庭、社会各方面把开展未成年人文明礼仪养成教育作为落实立德树人这个根本任务的重要举措，作为培育和践行社会主义核心价值观的有效途径，作为促进未成年人全面发展的基础工程，持之以恒地抓紧抓好。

——引导未成年人了解中国是文明古国、礼仪之邦，懂得文明礼仪是衡量一个国家、一个民族文明程度的重要标志，是每个公民良好素养的表现形式，更加自觉地从中华优秀传统文化中汲取营养、涵育文明。

——引导未成年人了解当代文明礼仪的基本规范，掌握基本的谈吐、举止、服饰等个人礼仪，以及在家庭、校园、公共场所等社会生活领域的交往礼仪，养成“讲文明、懂礼貌、有道德”的良好品格和行为习惯，长大成为实现中华民族伟大复兴中国梦的合格建设者。

2．分阶段目标

——幼儿园阶段(3~6 岁)：重点教导学龄前儿童学会使用基本礼貌用语、模仿简单文明举止。

——小学阶段(7~12 岁)：重点教导小学生掌握一些基本的家庭、学校、社会文明礼仪常识，养成日常文明行为习惯。

——初中阶段(13~15 岁)：重点引导初中阶段学生自觉规范言行举止，学会沟通、包容，增强讲文明话、做文明事、当文明人的意识和能力。

——高中阶段(16~18 岁)：重点引导高中阶段学生懂得做人做事的原则和方法，掌握面对不同对象、不同场合的仪容、谈吐、举止等文明礼仪规范，培育正确的世界观、人生观、价值观，增强对家庭、社会、国家的责任感。

三、主要内容

立足江苏未成年人思想道德建设实际，在继承弘扬中华优秀传统文化、学习借鉴国外文明成果的基础上，注重当代文明礼仪养成教育的实践创新，重点开展仪表之礼、餐饮之礼、言谈之礼、待人之礼、行走之礼、观赏之礼、游览之礼、仪式之礼等八大基本文明礼仪规范养成教育。

1. 仪表之礼：教育引导未成年人在表情状态、身体姿态、面容发型、穿着打扮等方面讲究文明礼仪，做到面容整洁、衣着得体、发型自然、仪态大方。

2. 餐饮之礼：教育引导未成年人在家庭日常就餐、公共场所用餐、社会交往聚餐等方面讲究文明礼仪，做到讲究卫生、爱惜粮食、节俭用餐、食相文雅。

3. 言谈之礼：教育引导未成年人在日常言语交谈、正式场合交流等方面讲究文明礼仪，做到用语文明、心平气和、耐心倾听、诚恳友善。

4. 待人之礼：教育引导未成年人在日常生活、特定场合交往等方面讲究文明礼仪，做到尊敬师长、友爱伙伴、宽容礼让、诚信待人。

5. 行走之礼：教育引导未成年人在徒步行走、乘用交通工具等方面讲究文明礼仪，做到遵守交规、礼让三先、扶老助弱、主动让座。

6. 观赏之礼：教育引导未成年人在观看文艺表演和体育比赛等场合讲究文明礼仪，做到遵守秩序、爱护环境、专心欣赏、礼貌喝彩。

7. 游览之礼：教育引导未成年人在外出旅游、参观时讲究文明礼仪，做到善待景观、爱护文物、尊重民俗、恪守公德。

8. 仪式之礼：教育引导未成年人在参加升国旗、入队、入团、毕业、传统民俗等仪式活动时讲究文明礼仪，做到按规行礼、心存敬畏、严肃庄重、尊重礼俗。

四、实施途径

区分未成年人不同成长阶段，运用养成教育、主题活动、道德实践等多种形式，引导未成年人在学校、家庭、社会参与针对性、实效性强的教育实践活动，把文明礼仪养成教育贯穿于学习生活全过程。

1. 充分发挥学校教育的主阵地主渠道作用。将文明礼仪养成教育纳入教育教学的各个环节，在小学《品德与生活》、《品德与社会》、初中《思想品德》、中小学《少先队活动》和高中《思想政治》等课程教学中强化文明礼仪教学要求，有条件的学校可试点开设文明礼仪养成教育专门课程。按照幼儿园、小学、初中、高中四个阶段，配合组织编撰适合未成年人和家长阅读的文明礼仪养成教育读本，做到文字精练、图文并茂、好看好用。鼓励学校开发文明礼仪养成教育校本课程，深入发掘语文、历史、地理、艺术、体育、少先队活动和社会实践等课程中蕴含的文明礼仪养成教育资源，并渗透到相关教育教学中。注重发挥校园文化熏陶作用，研究设计不同的活动形式和载体，广泛开展主题班(队)会、主题团日、升国旗仪式、运动会、艺术节、读书读报、征文演讲等活动，充分展示文明礼仪教育成果。加强教师队伍培训，将文明礼仪养成教育纳入省级骨干教师培训的重点内容，结合部分学科的省级培训，开展文明礼仪养成教育辅导；每年暑假以县(市、区)为单位开展全员培训，提升全体教师的文明礼仪素养、文明礼仪示范意识和文明礼仪教学能力，以此带动和促进学生文明礼仪习惯的养成。实行面上推开与重点示范相结合，2014 年春季学期在全省中小学、幼儿园全面开展文明礼仪养成教育，同时选择若干学校作为重点，对文明礼仪养成教育进行深入探索，为深化全省文明礼仪养成教育积累经验。(责任单位：省教育厅、团省委、省少工委)

2. 充分发挥家庭教育的基础作用。利用各类家长学校和网上家长学校，开展形式多样的文明礼仪知识培训，帮助家长掌握未成年人基本文明礼仪规范内容，引导家长在孩子成长不同阶段履行好家庭教育责任，做好文明礼仪示范。幼儿园阶段，重点帮助孩子培养良好习惯、培育健康身心、进行道德启蒙；小学阶段，重点帮助孩子适应学校生活、形成良好习惯、明确道德认知；初中阶段，重点关注孩子青春期的身心健康，帮助孩子增强道德观念、法制意识；高中阶段，重点帮助孩子学会与人和谐相处、培养意志品格、树立人生理想。组织家庭教育讲师团深入企业、社区宣讲未成年人文明礼仪，发挥家庭教育指导中心、妇女儿童活动中心，以及各类妇女儿童活动阵地作用，开展礼仪实践亲子活动。组织家庭亲子共读，提升家庭成员的综合素质和文明素养。广泛开展“大手牵小手、文明一起走”等主题活动，引导家长以身作则，为孩子做示范、当榜样，尤其是对日常生活中孩子的不文明行为，要及时纠正，做到不溺爱、不放任。(责任单位：省妇联)

3. 充分发挥社会实践教育的养成作用。组织和引导未成年人走进社区、文博场馆、旅游景区等场所，开展清洁卫生、环境保护、植绿护绿、公益宣传和文化活动等力所能及的生产劳动、志愿服务和勤工俭学，做“文明小义工”。组织和引导未成年人走进敬老院、福利院、老年公寓、困难家庭等，为特殊群体提供力所能及的公益服务，做“爱心小天使”。利用中小学生寒、暑假期，举办各类文明礼仪冬令营、夏令营，帮助未成年人学习和践行文明礼仪规范。组织各级文明单位在中小学周边开展“邻里守望”志愿服务活动，为未成年人践行文明礼仪作出示范；鼓励有条件的文明单位与学校对接未成年人社会实践需求，建立常态化的“文明单位未成年人开放日”制度。在社区和村广泛开展文明礼仪楼院、楼道、家庭、星级文明户等评比活动，营造互助友爱、彬彬有礼的邻里环境，以此带动未成年人养成崇德向善、崇尚文明的良好习惯。实施“实践育人共同体建设计划”，省级未成年人社会实践基地、乡村学校少年宫、校外教育辅导站、青少年宫、妇女儿童活动中心、妇女儿童之家等各类校外实践阵地，要开发文明礼仪教育实践课程和活动课程，组织文明礼仪规范公益培训，引导未成年人参加各种自立自强的体验活动。各类免费开放的爱国主义教育基地、文博场馆等，要主动为未成年人参观学习和开展志愿服务活动提供支持。（责任单位：省文明办、省教育厅、团省委、省妇联、省关工委）

4. 充分发挥仪式教育的激励作用。以 7 岁、10 岁、14 岁、18 岁为重要节点，分别组织举行寓意深刻、庄重简朴的入学仪式、成长仪式、青春仪式、成人仪式，以此教育引导未成年人强化文明礼仪素养。通过举行入学仪式，重点让刚入学的小学生感受学习乐趣、接触校园生活、感知礼仪规范。通过举行成长仪式，重点让小学三到四年级的学生学会感恩、懂得分享，理解父母的养育之恩、师长的教诲之恩、朋友的帮助之恩。通过举行青春仪式，重点让初中学生学会交往沟通，控制情绪、包容他人，迈好青春第一步。通过举行成人仪式，重点让年满 18 周岁的学生懂得成人之责，做守法公民，担社会责任，不断完善自我，立志成才报国。学校举行成人礼时，要主动邀请地方政府领导和社会各界人士代表进行现场指导观摩。各中小学举行入队仪式、入团仪式时，可结合入学仪式、成长仪式、青春仪式一起进行，引导少先队员、共青团员做文明有礼的青少年，为同学们树立榜样。（责任单位：省文明办、省教育厅、团省委、省少工委）

五、组织领导

1. 摆上重要位置。青少年是践行社会主义核心价值观的生力军。各地要把文明礼仪养成教育作为深化未成年人思想道德建设的重要抓手，列为文明委重点工作内容，推动各项任务落实。文明委各成员单位要主动参与，明确责任，协同配合；文明办要发挥好牵头作用，加强组织协调，加强督促指导，形成各方参与、合力推进的工作格局。教育行政部门要强化学校责任，在课程改革、教材研发、师资配备、课时保障、考核评价等方面作出安排，明确专人负责未成年人文明礼仪养成教育工作，同时引导广大家庭和社会各方面主动配合，形成课堂教学、社会实践、校园文化多位一体的育人平台。共青团、妇联、关工委、少工委等单位要结合工作职能，依托各自活动载体和工作品牌，开展生动活泼、丰富多彩的文明礼仪教育活动，共同把教育活动引向深入。

2. 创新教育载体。各地各有关单位要区分未成年人成长不同阶段的接受方式，组织创编未成年人喜闻乐见、家长教师欢迎的动画片、童谣、绘本、故事、公益广告、微电影、情景剧、礼仪指导手册、移动客户端游戏等，并通过多种途径进行传播。要采取总结分析、案例解读、现场观摩等形式，打造“小橘灯”志愿服务行动、“雏鹰争章”、行知互动剧场、“社区周末客厅”、社区精品课堂、文明有礼“微行动”、“快乐礼仪”教育等活动品牌，切实增强文明礼仪养成教育的吸引力、感染力和实效性。要加强专家团队建设，邀请相关社会学家、教育专家、德育专家和有丰富实践经验的一线中小学(幼儿园)校长(园长)、团委书记、少先队辅导员、德育主任建立专家库，定期开展未成年人文明礼仪养成教育专题研讨。要发挥中华优秀传统文化怡情养志、涵育文明的重要作用，梳理和萃取中华文化和江苏地方传统文化中以礼养德的思想精华，使之体现在“我们的节日”、中华经典诵读等活动中。

3. 加强考核评价。要突出工作评价和效果评价这两个重点，探索建立规范有效的考核评价体系，逐步完善激励机制和保障机制，推动未成年人文明礼仪养成教育进学校、进家庭、进社区。要优化教育评价标准，把学校开展文明礼仪教育情况作为评价学校工作的重要指标，开展经常性督导检查；把学生文明礼仪日常行为表现情况纳入学生综合素质评价体系，作为评优评奖的依据之一；把教师和行政人员在教学和管理中开展文明礼仪教育的实效纳入工作考核内容，引导他们做未成年人文明礼仪养成教育的示范者和引路人。要将文明礼仪养成教育情况纳入未成年人思想道德建设工作测评体系，列入文明城市、文明社区、文明家庭、“和谐校园”的考核指标，适时开展文明礼仪示范学校、文明礼仪教育优秀案例、文明礼仪优秀校本课程、文明礼仪示范社区、文明礼仪优秀讲师、文明有礼家长等评选活动。

4. 营造教育氛围。要加大宣传力度，重点加强对“八礼四仪”的宣传解读，加强对教育活动进展情况、特色做法和工作成效的宣传报道，利用各类媒体开设礼仪教育专栏和专题节目，不断扩大礼仪教育的覆盖面和影响力，在全社会营造未成年人学礼、懂礼、守礼、践礼的浓厚氛围。要发挥网上传播阵地的重要作用，依托各级各类校园网、班级QQ群、校园BBS、文明礼仪小博客、少儿悦读e站、网上家长学校、阳光少年网、江苏文明网及移动客户端等网络平台，把文明礼仪规范要求体现到网络宣传、网络文化、网络服务之中，打造文明守礼正能量。各级中小学、幼儿园和社区要利用黑板报、宣传栏、文化墙等宣传阵地，张贴悬挂文明礼仪教育标语、宣传画；各地要把未成年人文明礼仪养成教育纳入户外广告、楼宇电视、社区电子屏公益广告内容，让文明礼仪教育随处能见、随时可学，使未成年人在潜移默化中受到教育、得到提升。

附：《江苏省未成年人基本文明礼仪规范(试行)》：

江苏省未成年人基本文明礼仪规范(试行)

		3～6岁 (幼儿园阶段)	7～12岁 (小学阶段)	13～15岁 (初中阶段)	16～18岁 (高中阶段)
仪表之礼	目标	面容整洁、衣着得体、发型自然、仪态大方			
	具体规范	1. 学会自己刷牙、洗脸,在家长的帮助下梳理头发。 2. 学会自己穿衣、穿鞋。 3. 学会自己揩鼻涕、擦汗。	1. 勤洗头、洗澡,头发、身体无异味。 2. 指甲里无污垢。 3. 不当众挖鼻孔、掏耳朵。 4. 勤换衣服、鞋袜,保持仪表整洁。 5. 坐立姿态端正,在公共场合不东倒西歪。 6. 保持书包和个人物品整洁。 7. 公共场合不脱鞋。 8. 站立时抬头挺胸。	1. 不染发,不烫发,男生不留长发。 2. 公共场合着装得体,不穿背心、拖鞋。 3. 不佩戴项链、耳环(钉)、戒指等饰物。 4. 坐时男生不跷二郎腿,女生并拢膝盖。 5. 走路不勾肩搭背。	1. 不纹身、不化浓妆。 2. 衣着不过于暴露。 3. 不追求名贵服饰。
餐饮之礼	目标	讲究卫生、爱惜粮食、节俭用餐、食相文雅			
	具体规范	1. 饭前洗手,饭后洗手、擦嘴。 2. 学会使用餐具,自己吃饭,不撒食物。 3. 吃饭时不吵闹,不独占食物。 4. 吃完自己的一份饭菜,不挑食。	1. 吃饭时不咂嘴,不口含食物说话。 2. 夹菜时不在盘中挑拣。 3. 等候家人一起吃饭。 4. 在公共场所就餐时不追逐嬉闹。	1. 在公共场所就餐时不大声喧哗。 2. 适量盛取食物,不剩饭、不剩菜。 3. 就餐时保持餐桌、地面整洁。 4. 在学校食堂用餐后,主动整理归放餐具。	1. 用餐时先请长辈、客人就座再动筷。 2. 为别人夹菜要用公筷。 3. 尽量不起身夹菜。 4. 提前离席,向长辈、客人礼貌打招呼。 5. 在饭店用餐时,吃不完的食物要打包。
言谈之礼	目标	用语文明、心平气和、耐心倾听、诚恳友善			
	具体规范	1. 学会使用"您好、请、谢谢、对不起、再见"等文明用语。 2. 在成人的提醒下,能主动与人打招呼。 3. 学会举手发言。	1. 对师长不直呼其名,使用敬语。 2. 接听电话先说"您好",通话结束说完"再见",再挂电话。 3. 不用带侮辱性的绰号称呼别人。 4. 在校园和公共场所讲普通话。 5. 不说脏话谎话。	1. 与人交谈时目视对方,不东张西望。 2. 不随意打断别人讲话。 3. 不强迫别人回答不愿意说的问题。 4. 讲话音量、语速适中,让别人听得清楚。	1. 不打听不泄露别人隐私,不说使别人感到伤心羞愧的话。 2. 与人交谈时多给别人讲话时间。 3. 语气平和,言语谦恭。

		3～6岁（幼儿园阶段）	7～12岁（小学阶段）	13～15岁（初中阶段）	16～18岁（高中阶段）
待人之礼	目标	尊敬师长、友爱伙伴、宽容礼让、诚信待人			
	具体规范	1. 学会与小朋友分享玩具。 2. 不随便乱动别人东西。 3. 按照规则和要求玩游戏。	1. 记住爸爸妈妈的生日并表示祝福。 2. 尊重老师劳动，上课认真听讲。 3. 遇人面带微笑。 4. 进别人房间先敲门，得到应允再进入。 5. 用他人的东西，应先征得他人同意，用后及时归还并致谢。 6. 用零花钱帮助有困难的小朋友。	1. 客人来访，热情相待，出门迎送。 2. 不在休息时间拜访他人、给别人打电话。 3. 不对老师、同学的相貌和衣着评头论足。 4. 不顶撞家长、老师。 5. 给别人力所能及的帮助。	1. 学会原谅他人。 2. 尽力完成答应别人的事。 3. 上网聊天用语文明，不编发、转发恶意造谣、诽谤贴子。 4. 拜访他人应预约，并准时赴约。 5. 及时回复正常交往的手机短信、电子邮件。 6. 尊重少数民族和外国友人的风俗习惯。
行走之礼	目标	遵守交规、礼让三先、扶老助弱、主动让座			
	具体规范	1. 看到红灯知道停、看到绿灯知道行。 2. 知道过马路要走斑马线。 3. 行走时跟好家长，不在马路上奔跑嬉闹。	1. 认识交通标识，遵守交通规则。 2. 上学放学时走规定路线。 3. 乘车有序排队，不拥挤、不插队。 4. 上下楼梯靠右行，不上跑、不下跳，不并排前行，不推挤他人。 5. 乘自动扶梯靠右站立，空出左侧通道。 6. 不乱按电梯的按钮。	1. 步行走人行道，骑车走慢车道。 2. 骑自行车进出校园大门要推行。 3. 主动给老弱病残孕让座让路。 4. 不翻越交通隔离护栏。 5. 不在乘坐公共交通工具时吃东西。 6. 热心为他人指路。	1. 进出电梯礼让他人。 2. 采取合理方式帮助跌倒路人。 3. 主动搀扶老人、盲人过马路。 4. 不在道路上交谈围观，拥堵交通。 5. 乘坐公共交通工具时不把脚跷到前方椅背上。
观赏之礼	目标	遵守秩序、爱护环境、专心欣赏、礼貌喝彩			
	具体规范	1. 在家长、老师带领下学会鼓掌。 2. 不乱扔杂物。 3. 不乱走乱跑，不大声吵闹。	1. 提前入场，对号入座。 2. 不随意走动，不高声讲话。 3. 瓜皮果壳放入垃圾袋，自觉带离场馆或送入垃圾箱中。 4. 不站立和在通道观看。 5. 观看结束有序离场，不拥堵通道、出口。	1. 观看演出，尊重演员劳动，在合适时机鼓掌喝彩。 2. 不爆粗口，不喝倒彩。 3. 未经允许不随意拍摄。 4. 观看时取下帽子，尽量降低身体重心，不影响后排观众观看。 5. 无特殊情况不提前退场，确需退场，在演出节目间隙离开。	1. 观赏高雅艺术演出时，要着正装。 2. 将手机关闭或置于静音状态，接打电话轻声细语。 3. 观看体育比赛控制情绪，不出现过激行为。

<table>
<tr><th></th><th></th><th>3～6 岁
（幼儿园阶段）</th><th>7～12 岁
（小学阶段）</th><th>13～15 岁
（初中阶段）</th><th>16～18 岁
（高中阶段）</th></tr>
<tr><td rowspan="2">游览之礼</td><td>目标</td><td colspan="4">善待景观、爱护文物、尊重民俗、恪守公德</td></tr>
<tr><td>具体规范</td><td>1. 知道跟好家长、老师。
2. 不踩踏草坪，不采摘花果。
3. 不乱扔垃圾。</td><td>1. 便后及时冲水，不随地大小便。
2. 不触摸文物，在景物上不画写、不划刻。
3. 不追、捉、打、喂动物。
4. 不攀爬景区设施。
5. 带走自己产生的所有垃圾。</td><td>1. 吐痰和口香糖用纸巾包好丢入垃圾箱。
2. 在景区长椅上不躺卧，不用物品占座。
3. 排队等候留意 1 米线。
4. 在不允许拍照的地方不拍照，在有关闭闪光灯标志的地方自觉关闭闪光灯。</td><td>1. 跟团出游不拖大家后腿。
2. 不用酒店内的床单、毛巾擦鞋。
3. 旅途中给当地人或国外友人拍照先征求对方同意。
4. 游览应了解并尊重当地文化、宗教信仰和风俗习惯。</td></tr>
<tr><td rowspan="2">仪式之礼</td><td>目标</td><td colspan="4">按规行礼、心存敬畏、严肃庄重、尊重礼俗</td></tr>
<tr><td>具体规范</td><td>1. 升国旗时，立正站好、目视国旗、不说话。
2. 知道春节、元宵、清明、端午、中秋、重阳等传统节日。
3. 会向师长说祝福的话语。</td><td>1. 升国旗时脱帽、注视国旗行队礼，唱国歌声音响亮。
2. 参加入学仪式、成长仪式、入队仪式、毕业仪式等活动时，着装整洁，少先队员佩戴红领巾或队徽。
3. 仪式活动中按规行礼，肃立倾听，不随意交流、走动。
4. 春节向师长拜年。
5. 清明祭扫不穿鲜艳衣服。</td><td>1. 参加青春仪式、入团仪式、毕业仪式等活动时，着装整洁，共青团员戴团徽。
2. 重阳节问候家中老人，参加敬老活动。</td><td>1. 参加成人仪式、毕业典礼向师长表达感恩之情。
2. 参加成人仪式穿正装。</td></tr>
</table>

附录 2　十字文明用语对照

汉　语	英　语	手　语
您好	Hello.	(1)你：一手食指指向对方。 (2)好：一手伸出大拇指。 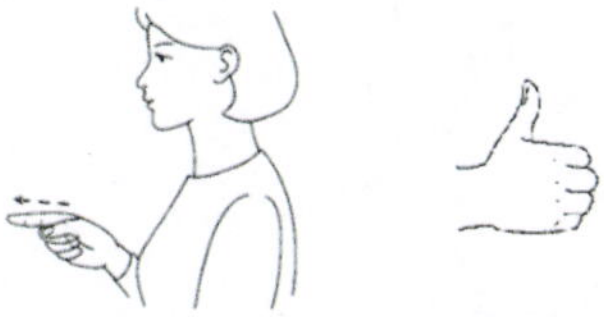
请	Please.	双手掌心向上，在腰部向旁移，表示邀请之意。 
谢谢	Thank you.	一手伸拇指，弯曲两下。 
对不起	Sorry.	一手五指并拢举于额际如行军礼状，然后下移改伸小指，在胸部点几下，表示向人致歉并自责。 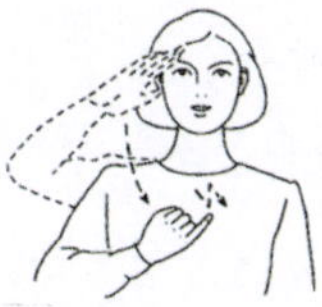
再见	Goodbye.	一手上举，五指自然伸出，手腕挥动两下。这是一般的“再见”手势。 

汉 语	英 语	手 语
早上好	Good morning.	(1) 早上:右手横伸,五指撮合,手背向上,然后稍向上移动并逐渐张开五指,表示早晨太阳初升,天色由暗转明。 (2) 好:一手伸拇指。 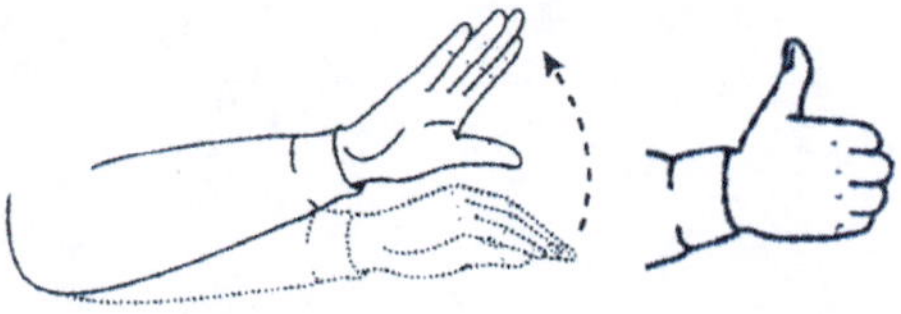
晚安	Good night.	(1) 一手五指与并拢的四指成 90 度直角,置于眼前,然后边做弧形下移边捏合五指,表示天色由明转暗。 (2) 安:一手横伸,掌心向下,自胸部向下一按。 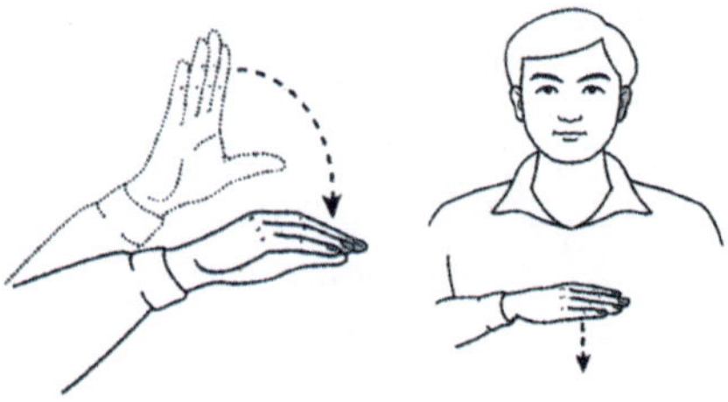

附录 3 国家开放大学学习网“社交礼仪”课程学习指南

1. 打开浏览器，输入中央电大考试平台网址：http://www.ouchn.cn/，进入主界面。

2. 在籍学员选择“学生登录”进入登录界面：

在学生登录处输入自己的学号，密码为 8 位出生日期（如 19820822）。

3. 进入学生空间，选择要学习的课程。

4. 进入本课程学习界面。

5. 本课程学习基本流程。

第一步：了解课程。

进入“课程简介”模块，浏览查看课程介绍及课程导学，初步了解学习内容及资源概况。

第二步：查看学习文件。

进入“学习文件”模块，浏览查看教学文件，深入了解本课程教学目标及考核要求，做到胸有成竹。

第三步：学习课程内容。

进入“教学辅导”模块，浏览阅读每个专题模块的教学辅助资源，电子教材、视频、动画等；每学习完一部分教学内容，即可下载该部分作业自测与点评检查学习成果并按时参加相关教学活动。

第四步：参加教学活动。

(1) 进入“教学活动”的“破冰之旅”栏目，与老师和“小伙伴”一起走进礼仪风景线。

(2) 进入“教学活动”模块“省校非实时教学讨论区”栏目，查看课程责任教师发布的主题讨论帖，主题涵盖课程主要内容，选择感兴趣的主题参与跟帖讨论。

(3) 进入“教学活动”模块“教学点非教学讨论区”栏目，按照教学点导学教师发布的教学辅导和要求跟帖讨论。

(4) 进入“教学活动”模块的“BBS 实时活动”栏目，了解每次 BBS 的时间、任务和讨论题，按要求参加活动。

第五步：下载“作业讲评与自测”。

进入“作业讲评与自测”栏目，可下载进行自测检查学习成果，本栏目为完成形成性考核提供帮助与参考。

第六步：完成四次形考任务。

完成相关教学模块学习后可进行相关形成性考核，客观题形考测试可以有多次机会完成，电脑系统自动判分，取最高一次成绩，系统自动合成到总成绩。

完成全部课程学习内容即可完成形考大作业，按作业要求以论坛发主题帖的形式提交，由各教学点老师在教学平台上批改，系统自动将得分合成到总成绩。

特别说明：

非在籍的学员可以在浏览器地址栏直接输入 http://jiangsu.ouchn.cn/course/view.php?id=1603 地址，以“访客身份”登录，浏览课程学习资源，但无法参与网上教学活动与考核。

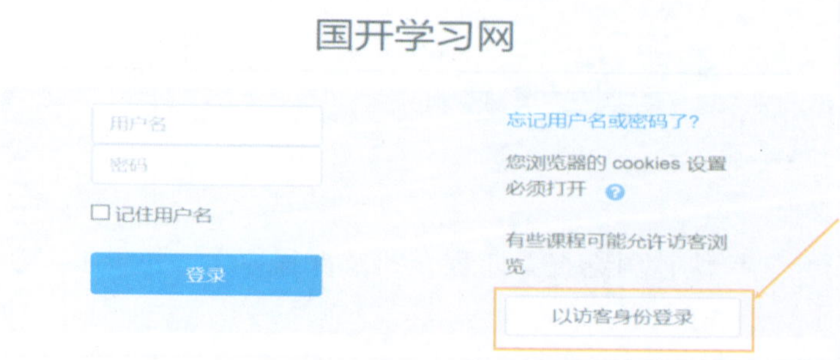

参考文献

[1] 胡静. 实用礼仪[M].武汉：武汉大学出版社，2005.

[2] 蒋璟萍. 现代礼仪[M].北京：清华大学出版社，2009.

[3] 金正昆.教师礼仪规范[M].2 版.北京：中国人民大学出版社，2014.

[4] 金正昆.涉外礼仪教程[M].4 版.北京：中国人民大学出版社，2014.

[5] 金正昆.社交礼仪教程[M].5 版.北京：中国人民大学出版社，2016.

[6] 金正昆.外事礼仪[M].5 版.北京：首都经济贸易大学出版社，2017.

[7] 李莉.实用礼仪教程[M].北京：中国人民大学出版社，2006.

[8] 李荣建.礼仪训练[M].武汉.华中科技大学出版社 2015.

[9] 李荣建.社交礼仪[M].3 版.北京：清华大学出版社，2013.

[10] 李荣建.中国优秀传统文化[M].南京:江苏人民出版社，2015.

[11] 李兴国，田亚丽. 教师礼仪[M].上海：华东师范大学出版社，2006.

[12] 门川义彦. 笑赢天下：笑容培训课堂[M].北京：化学工业出版社，2008.

[13] 莫雷. 为成功而打扮[M]. 北京：北京师范大学出版社，2007.

[14] 彭林.中国古代礼仪文明[M].北京:中华书局，2004.

[15] 彭林.礼乐文明与中国文化精神[M].北京:中国人民大学出版社,2016.

[16] 田君.论“礼”的字源、起源、属性与结构[J].四川大学学报(哲学社会科学版)，2014(5).

[17] 田君.论礼学脉络与礼学史分期[J]. 孔子研究，2016(3).

[18] 文泉.国际商务礼仪[M].北京：中国商务出版社，2003.

[19] 邢颖，曾宪植. 社交与礼仪[M].北京：民族出版社，1993.

[20] 许湘岳,蒋璟萍,费秋萍. 礼仪训练教程[M].北京：人民出版社，2011.

[21] 薛春潮. 公关与礼仪修养[M].北京：北京理工大学出版社，2009.

[22] 杨茳.礼仪师培训教程[M].北京：人民交通出版社，2007.

[23] 张歌. 现代实用礼仪[M].呼和浩特：内蒙古出版社，2008.

[24] 张晓梅. 现代女性礼仪[M].北京：中国妇女出版社，2007.

[25] 赵岩，吴黎梅.社交礼仪实务训练[M].徐州:中国矿业大学出版社，2012.

[26] 赵岩，张淑华.社交礼仪教程与实务[M].南京:南京大学出版社，2015.

后　记

礼仪是一首古老而年轻的诗，“飘散着舒人而温馨的国风”；礼仪是一曲涓涓的高山流水，吟唱着中华五千年文化源远流长；“人无礼则不生，事无礼则不成，国家无礼则不宁”。本书从容礼、交往、生活、职场、餐饮等方面介绍了社交中一般礼仪规范及应用，从开放教育的特点出发，将教材内容与江苏开放大学课程平台多媒体学习资源形成立体化融合，突出通识性和实践性特点，可作为开放教育学员及在校大学生学习社交礼仪的参考教材，也可作为青少年读者知礼、习礼的手册。

本书由赵岩、张淑华担任主编，吴黎梅、李斯、杨维炜等担任副主编，张馨予、陶幸慰等参与本书多媒体教学资源的制作。全书及教学资源由赵岩统稿，编委会成员对本书的资料采集、教学资源制作提供了大力支持。赵岩、李斯、杨维炜等参与本书部分图片和视频的拍摄工作。

本书的编写得到恩师、著名教育艺术家李燕杰教授在生前的悉心指导，并在生前为本书作序。编写过程中，编者以中国人民大学金正昆教授、清华大学彭林教授、武汉大学李荣建教授的教材和著作为理论基础，参考了大量高校教材、报刊文献，学习了国内外学者的研究成果。限于篇幅，仅列出了主要参考书目，在此向导师、各位学者、文献原作者表示衷心感谢。本书的出版得到中国矿业大学出版社的鼎力支持与帮助，在此一并感谢。

由于时间和作者水平的局限，书中难免存在疏漏之处，恳请各位师生、读者批评指正并提出建议，使其在不断修订中日臻完善。让我们在“学礼”中传承文化，在“习礼”中提升境界，做“知礼”“懂礼”的中国人。

编　者

2018 年 1 月 5 日